피에 관한 별의별 이야기

투게야,
고마워!

투구게야, 고마워!

첫 번째 찍은 날 | 2020년 2월 6일

글쓴이 전은지 | 그린이 김소희
펴낸이 이명희 | 펴낸곳 도서출판 이후 | 편집 김은주
표지 및 본문 디자인 | 조주희

글 ⓒ 전은지
그림 ⓒ 김소희

등록 | 1998. 2. 18.(제13-828호)
주소 | 10449 경기도 고양시 일산동구 호수로 358-25(동문타워 Ⅱ) 1004호
전화 | (대표) 031-908-5588 (편집) 031-908-1357 팩스 02-6020-9500
블로그 | blog.naver.com/dolphinbook
페이스북 | facebook.com/smilingdolphinbook

ISBN | 978-89-97715-71-8 73400

이 도서의 국립중앙도서관 출판시도서목록(CIP)은
e-CIP 홈페이지(http://www.nl.go.kr/cip.php)에서 이용하실 수 있습니다.
(CIP 제어번호: CIP 2020001786)

이 책은 저작권법에 의해 보호를 받는 저작물이므로 무단 전재와 복제를 금합니다.

꽃의 걸음걸이로, 어린이와 함께 자라는 웃는돌고래
웃는돌고래는 〈도서출판 이후〉의 어린이책 전문 브랜드입니다.
어린이의 마음을 살찌우고, 생각의 힘을 키우는 책들을 펴냅니다.

어린이제품안전특별법에 의한 제품 표시

제조자명 도서출판 이후 | 주소 경기도 고양시 일산동구 호수로 358-25(동문타워 Ⅱ) 1004호
전화번호 031-908-5588 | 제조년월 2020년 2월 | 제조국 대한민국 | 사용연령 만 10세 이상

고갱이 지식 백과 12

피에 관한 별의별 이야기

투게야, 고마워!

글 전은지 | 그림 김소희

웃는돌고래

들어가며

혹시 피 좋아하는 사람 있니? 피를 보거나, 흘리거나, 만지는 게 좋은 사람 있어? 아마 거의 없을걸. 피가 난 곳은 아프고, 피가 옷에 묻으면 잘 지워지지 않고, 피에서는 피 특유의 냄새가 나니까.

그래서인지 무서운 공포 영화 속 끔찍한 장면에서는 으레 피가 등장하지? 피 한 방울 등장하지 않는 공포 영화는 본 적이 없는 것 같아. 동물이든 사람이든 누군가 피를 흘리는 걸 보면 다들 무섭기도 하고 마음도 불편해지잖아.

그렇다고 이 세상에서 피가 없어지면 좋겠다고 생각하는 사람 있어? 아마 그렇게 생각하는 사람도 거의 없을걸. 피가 없으면 생명도 없으니까. 피가 없다는 건 살아 있지 않은 상태, 그러니까 죽었다는 뜻이야.

그렇다면 피 자체가 싫다기보다, '내 몸이나 남의 몸 밖으로 나온 피를 보는 게 싫다'는 표현이 더 적당하겠네. 몸 안에만 있고 내 눈에 뜨이지만 않는다면, 굳이 피를 싫어할 이유는 없는 거 같아.

그러니 피 입장에서는 억울한 일이지. 지금 우리가 하는 말은, '너는 나에게 꼭 필요하지만, 너를 보고 싶지는 않다' 그런 뜻이잖아.

몸 밖으로 나온 피를 보는 게 싫은 이유는 아마도 피가 생명이기 때문일 거야. 피가 몸 밖으로 나온다는 건 생명이 몸 밖으로 빠져 나온다는 뜻이니까. 그래서 몸 밖으로 나온 피를 보면 끔찍하고 무섭게 느껴지는 걸 거야.

도대체 피가 뭐라고, 피가 무엇이길래 피를 생명이라고 하는지 궁금하지 않니?

그럼, 이제부터 피 이야기 좀 할게.

2020년 1월
전은지

차례

들어가며 · 4

도대체 피가 뭐야? · 8

투구게야, 고마워 · 12

세상에, 피가 파란색이야? · 19

초록 피를 흘리는 사람 · 25

피 속에 들어 있는 온갖 물질들 · 29

피가 물보다 진한 까닭 · 36

피돌기의 놀라운 속도 · 39

헌혈해도 괜찮아 · 44

헌혈하면 안 되는 사람 · 52

혈우병 때문에 · 56

피 때문에 생긴 병	61
황금 팔을 가진 사나이	68
피는 못 속여!	73
피 쿠키와 피 영양제	77
피로 만든 물건	82
계란 대신 피를!	88
피를 먹는 사람들	93
피를 밥으로 먹는 동물들	100
피를 먹어도 되는 거야?	105
투구게야, 다시 한 번 고마워!	109

도대체 피가 뭐야?

피가 뭐지?

 피를 그저 '빨간색 물'이라고 생각하는 사람 있니? 맞다고 할 수도 있고, 틀리다고 할 수도 있어. 빨간색 피도 있지만 빨간색이 아닌 피도 있거든.
 피가 물과 비슷한 모습이고 핏속에 물이 들어 있긴 하지만, 피는 물과 달라. 핏속에는 물 말고도 여러 가지 것들이 같이 들어 있거든. 피 속의 세포 수만 해도 몇 천, 몇 만이 아니라 '몇 억' 개나 돼.
 얼핏, 빨간색 물처럼 보이지만 절대로 그저 빨간색 물이기만 한 건 아닌 거지.

그러면 피는 왜 빨간색 물처럼 보일까?

피가 빨갛게 보이는 건 빨간색깔의 세포가 어마어마하게 많이 들어 있어서 그래. 피와 물은 둘 다 액체야. 얼음이나 돌처럼 일정한 모양이 있는 건 고체, 물이나 우유처럼 담는 그릇에 따라 모양이 변하는 건 액체, 공기처럼 모양이 없고 주위에 금방 퍼져 나가서 그릇에 담기 힘든 건 기체라고 하는데, 물도 피도 다 액체야. 그래서 피가 빨간 물처럼 보이는 거야.

그렇다면 피를 왜 생명이라고 할까?

피가 없으면 생명도 없으니까. 사람이나 동물이 죽지 않고 살아 있는 상태가 계속되려면, 피가 머리끝에서 발끝까지 계속 돌고 돌아야 해. 피가 돌지 않는다는 건 죽었다는 뜻이 되지.

그냥 돌기만 하는 게 아니라, 피는 몸속 구석구석을 돌면서 필

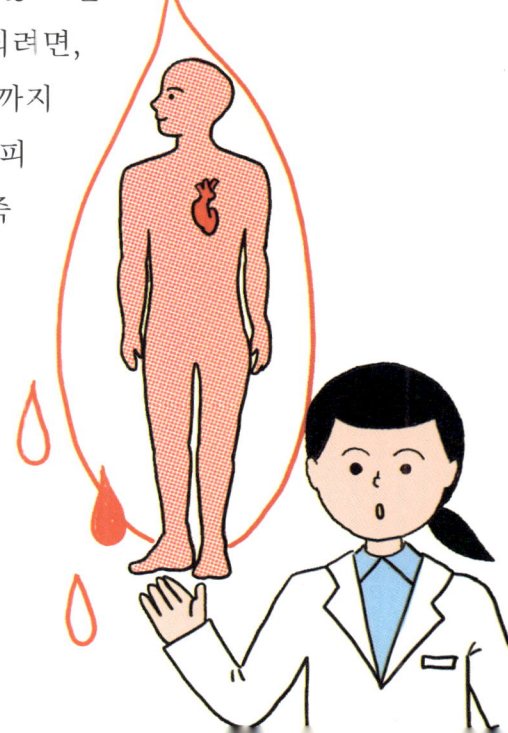

요한 건 나누어 주고 필요 없는 건 버릴 수 있도록 가져와. 이런 일을 피가 해 주지 않으면, 건강이 상하는 정도가 아니라 아예 살 수가 없어.

피가 몸 밖으로 너무 많이 나와서 피가 부족해도 생명이 위험해져. 그래서 피를 많이 흘리면 남의 피라도 받아(수혈)야 생명을 잃지 않을 수 있어.

그저 빨간 물처럼 보일지 모르지만, 피는 정말 소중한 거야. 피를 보는 게 무섭고 거부감이 드는 건, 피가 그만큼 소중하기 때문일 거야. 피는 소중한 생명이라서 몸속에 있어야 하는데, 피가 몸 밖으로 나와 우리 눈에 보이면 큰일이니까.

피가 소중한 건 알겠는데, 뭐가 그렇게 소중한 건지는 잘 모르겠다고?

그럼, 이제부터 투구게 이야기를 좀 해야겠네.

'피'는 뭐고 '혈액'은 뭐야?

'혈血'은 한자로 '피'라는 뜻이고, '액液'은 '액체'라는 뜻이야. 한마디로 '피'와 '혈액'은 같은 말이야. 그러니 '혈血' 자가 들어간 말은 '피'에 관한 말이라고 생각하면 크게 틀리진 않을 거야.

피에 관한 말들을 조금만 살펴볼까? '혈관'은 피가 흐르는 통로, '혈압'은 피가 혈관을 흐를 때의 압력, '혈액형'은 피의 종류, '흡혈귀'는 피를 빨아 먹는 귀신, '출혈'은 피가 나온다, 또는 피를 흘린다는 뜻이고, '수혈'은 건강한 사람의 피를 환자의 혈관에 넣는다, '헌혈'은 남에게 내 피를 준다는 뜻이지.

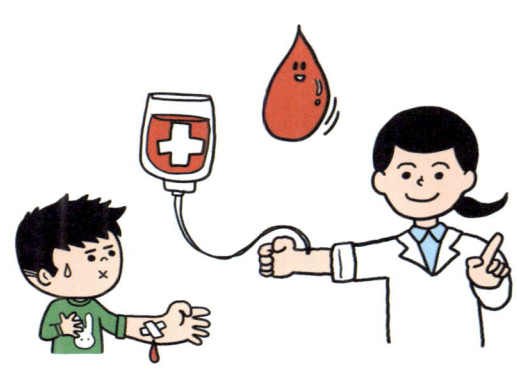

투구게야, 고마워

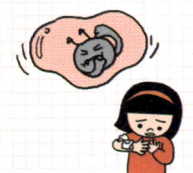

투구게

꼬리가 길다란 이 신비한 생명체가 바로 투구게야.
 딱딱한 껍질 색깔과 모양을 좀 봐. 전쟁에서 머리를 보호하려고 옛날 군인이 쓰던 투구처럼 생겼다고, 이름이 투구게야. 서양에서는 몸통이 말굽 편자 같다고 '말굽 편자 게(horseshoe crab)'라고 해.
 투구게는 껍질도 딱딱하고, 다섯 쌍의 걷는 다리 끝부분이 집게라서 게랑 비슷하게 생겼어. 이름에도 '게'가 들어가지만, 사실 거미와 더 가까운 동물이야. 눈이 무려 다섯 개나 되고, 긴 칼 같은 꼬리가 달렸지. 외모 하나는 참 개성 만점이야.

그런데 투구게가 공룡이 살던 쥐라기 시대부터 쭈욱 이 모습으로 살아왔다는 거 알아? 수억 년이 지나는 동안 모습이 조금도 변하지 않았다니, '살아 있는 화석'이라 불릴 만하지?

피 이야기를 들려주겠다더니, 생뚱맞게 웬 투구게? 이제부터 진짜 이야기 시작이야. 투구게의 피는 아주 특별해서 '신기한 피' 하면 투구게의 피를 빼놓을 수 없어.

그 첫 번째 이유, 투구게는 인간을 위해 자신의 신기하고 특별한 피를 헌혈해. 물론 자발적으로 헌혈을 하는 건 아니지만. 투구게의 의사와 상관없이, 인류는 투구게를 잡아들여 죽지 않을 정도로 피를 뽑은 다음, 자연으로 돌려보내. 강제 헌혈인 셈이지.

느닷없이 사람에게 납치되어 속수무책으로 피를 쫙쫙 뽑히다니, 투구게 입장에서는 마른하늘의 날벼락일 거야.

도대체 투구게의 피가 얼마나 특별하면 강제 헌혈까지 당하는 걸까?

투구게의 피 이야기를 하려면, 사람들이 병과 싸우는 과정부터 이야기해야겠다. 우리 인간은 병균이나 세균이 피를 통해 몸 안으로 들어오면 이를 잡아먹든 잡아내든 아무튼 다른 데 퍼지지 않도록 싸워. 병균이 들어오면 항체라는 게 만들어지고, 이렇게 만들어진 항체는 몸에 해로운 균이 돌아다니지 못하게 잡아내는 식이야.

◆ **항체** 병균이 들어오면 병균이 활동하지 못하게 잡아내는 일종의 단백질

투구게는 희한하게도 이 항체를 만들어 내질 못해. 그래서 병균이 들어와 피를 타고 온몸을 헤집고 다녀도 잡아낼 도리가 없어. 그런데도 투구게가 수억 년간 멸종당하지 않고 똑같은 모습으로 잘도 살아온 건 투구게의 피가 엄청 특별하고 신기한 능력을 가지고 있기 때문이야.

투구게는 나쁜 균이 들어오면 균으로 오염된 피가 그냥 그대로 굳어 버려. 굳어 버린 피는 물처럼 흘러 다닐 수 없고, 피가 굳을 때 병균도 피에 갇혀 굳어 버리는 거야. 그러면 병균도 맘대로 돌아다닐 수 없겠지?

사람들이 투구게에게 강제로 헌혈을 시키는 건, 해

로운 것과 만나면 주변의 피를 굳게 만드는 바로 이 신통방통한 능력 때문이야. 그 능력을 가진 물질을 'LAL 단백질'이라고 불러.

새로운 약을 개발하면, 이게 사람이 먹거나 주사로 맞아도 안전한지 먼저 확인해야 하잖아. 그래서 투구게의 피에서 LAL 단백질을 뽑아낸 다음, 여기에 새 약을 넣어 보는 거지. 만약 약이 병균처럼 해로우면 단백질이 굳을 테고, 안전하면 굳지 않을 테니까.

이 LAL 단백질이라는 게 얼마나 정교하고 신비로운지, 현대 의학과 과학으로는 아무리 노력해도 똑같이 만들어 낼 수가 없대. 그래서 투구게가 강제 헌혈로 짝짓기 시기를 놓치기도 하고, 몸이 쇠약해져 알을 적게 낳기도 하고, 심지어 헌혈하다 스트레스를 받아 죽기도 하는데도, 인간이 투구게에게 헌혈을 강요할 수밖에 없는 거야.

투구게 말고 토끼 같은 동물의 피를 이용하기도 하지만, 미국에서는 100퍼센트 투구게의 피를 이용하고 있어.

너희들도 다 예방 주사 맞았을 거야. 아플 때 약을 먹고 병이 나은 적도 있을 거고. 우리가 이런저런 병에 걸리지 않고 건강하게 잘 지낼 수 있는 건 투구게가 특별한 피를 헌혈해 준 덕분이야. 정말 말도 못 하게 고마운 일이지.

동물의 피를 사람에게 수혈할 수 있을까?

아니, 그건 안 돼. 사람은 수혈받은 피의 혈액형만 달라도 거부 반응을 보여 사망할 수 있으니까. 그런데 이걸 몰랐던 옛날, 1660년대의 의사 쟝 밥띠스트는 양의 피를 사람에게 수혈했어. 양이 워낙 순수한 동물이라는 이유로 말이야.

병으로 힘이 없는 소년에게 힘 좀 내라고 어린 양의 피를 수혈했대. 그런데 천만다행, 소년이 죽지 않았네? 그 다음에는 성질이 아주 고약한 사람에게 양의 피를 주었어. 양처럼 순해지라고 말이야. 기가 차지? 어쩐 일인지, 이 사람도 살았어. 물론 성질은 전혀 순해지지 않았다고 해.

이 의사는 세 번째로, 장염에 걸린 귀족에게 양의 피를 수혈했어. 행운은 두 번으로 끝이었대. 이번에는 환자가 사망했어. 그런데 직접적인 사망 원인은 수혈이 아니라 장염이 너무 심했기 때문으로 밝혀졌대. 그러자 이 의사는 또 동물 피 수혈을 감행하게 돼. 정신병 환자를 맑은 정신으로 되돌리겠다며 암소의 피를 수혈한 거지. 환자는 사망했어. 결국 동물 피를 사람에게 수혈하는 걸 나라에서 금지했어.

양의 피를 수혈하고도 살아남은 건 사람에게 수혈된 양의 피가 그리 많지 않아서였던 것 같아.

https://www.historyandheadlines.com/june-15-1667-first-human-blood-transfusion-sheeps-blood/

세상에, 피가 파란색이야?

투구게의 피가 특별한 두 번째 이유는 그 색깔이 파란색이라는 데 있어.*

사실, 파란 피 자체가 특별한 건 아니야. 파

* 투구게의 파란색 피 https://www.coolweirdo. com/5-awesome-creatures-with-blue-blood.html

란 피를 가진 동물은 꽤 있거든. 피의 색깔은 무조건 다 빨간 게 아니라, 빨간색일 수도 있고 아닐 수도 있어.

피가 빨갛지 않을 수도 있는 게 도대체가 이해가 안 된다는 사람 있니? 그럼, 먼저 피가 머리부터 발끝까지 온몸을 돌고 도는 이유부터 이야기해야겠다.

 사람이든 동물이든 생물이라면 셀 수 없이 많은 세포로 이루어져 있어. 머리카락은 머리카락 세포로, 위장은 위장 세포로, 피부는 피부 세포로 되어 있지. 세포는 맨눈으로 볼 수 없을 만큼 무지하게 작지만 살아 있어서 먹을 것도 필요하고 어느 정도 살다가 죽기도 해. 우리가 음식을 먹는 것도 이 세포들을 먹여 살리기 위해서야. 세포가 살아야 우리도 살고, 세포가 죽으면 우리도 죽는 거야.

세포가 살아가는 데는 먹을 것 말고 산소도 꼭 필요해. 산소가 없으면 세포가 죽고, 세포가 죽으면 우리 몸도 죽는 거지. 사람이 숨을 쉬면서 들이마시는 산소는 세포를 살게 해. 사람이 숨을 못 쉬면 세포에 산소가 전달되지 못하니, 숨 막혀 죽을 수밖에.

　이렇게 중요한 산소를 배달하는 임무를 맡은 게 바로 피야. 피도 세포로 되어 있는데, 피의 여러 세포들 중에서도 적혈구, 더 정확히 말하면 적혈구 안의 헤모글로빈이 산소를 배달해. 그러니까 헤모글로빈이 산소 배달부인 거지.

헤모글로빈이 아니라 헤모시아닌이 산소를 배달하는 동물도 있어. 헤모글로빈 안에는 철이 많고, 헤모시아닌에는 구리가 많아. 철은 산소와 만나면 우리 눈에 빨갛게 보이고, 구리가 산소와 만나면 파랗게 보여. 산소 배달부에게 철이 많으냐, 구리가 많으냐에 따라 피 색깔이 결정되는 거지.

사람처럼 헤모글로빈이 산소를 배달하는 경우는 헤모글로빈 안의 철과 산소가 만나서 피가 빨갛게 보이는 거야. 피 속의 헤모시아닌이 산소를 배달하는 동물이라면 피가 파랗게 보이겠지. 투구게의 피가 파란색인 건, 바로 헤모시아닌이 산소를 운반하는 동물이기 때문이야.

그렇다면 피가 파란 동물은 투구게뿐일까? 투구게처럼 헤모시아닌으로 산소를 운반하는 동물은 또 있어. 춥고 산소가 부족한 곳에 사는 동물은 피가 파란색인 경우가 많대. 헤모시아닌보다 헤모글로빈이 산소 배달 능력은 더 뛰어나지만, 헤모글로빈은 온도가 낮으면, 그러니까 추우면 일을 잘 못 해. 그래서 춥고 깊은 바다에 사는 오징어나 문어의 피는 파란색이야. 당연히 피 속의 헤모시아닌 때문이지.

새우, 공벌레 같은 갑각류도 헤모시아닌이 산소를 운반해. 그러니 피도 파란색이지. 타란툴라, 전갈, 쥐며느리도 헤모시아닌이 산소를 배달하니까 피가 파란색이고.

그럼, 단단한 껍질이 있으면 죄다 파란 피냐고? 그건 아니야. 홍합이나 피조개는 산소 배달부가 헤모글로빈이라서 피가 빨개.

나에게는 산소 배달 안 해 줘도 돼!

 우리 몸은 혈관이 머리부터 발끝까지 퍼져 있어서 피가 세포에게 산소를 배달할 수 있게 해 줘. 그런데 공기 중의 산소를 직접 흡수하는 세포가 있어. 바로 각막이야.
 얇고 투명한 눈의 표면을 각막이라고 하는데, 각막은 혈관이나 피의 도움을 받지 않고 산소를 얻어. 공기 중의 산소가 눈물에 녹아 있는데, 눈물이 각막에 필요한 산소를 공급해서 각막의 건강을 유지시켜 주거든.

https://en.wikipedia.org/wiki/Cornea#Layers

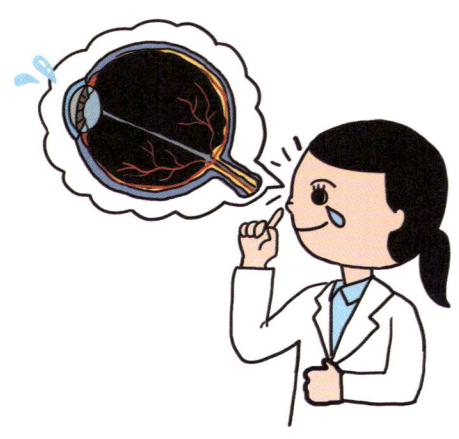

초록 피를 흘리는 사람

바닷가에 사는 벌레 중에는 피가 보라색인 동물들도 있어. 헤모글로빈도, 헤모시아닌도 아닌 헤모라이서린이라는 물질이 산소를 운반하기 때문이야. 이 물질은 공기 중의 산소와 만나면 피가 분홍색이나 보라색으로 보인대.

보라색 피를 가진 동물 말고도 사막 도마뱀, 일부 지렁이와 거머리 종류 중에 피가 초록색으로 보이는 동물이 있대. 완전 신기하지? 하지만 대부분의 경우 피는 빨간색, 혹은 파란색 계열이거나 무색이야.

초록 피 얘기가 나와서 말인데, 2007년에 지렁이도

거머리도 아닌 사람의 몸에서 초록색 피가 나온 사건이 있었어.

이야기는 이래. 어떤 캐나다인 남자가 갑자기 다리가 너무 아파서 병원을 찾았대. 병원에서 검사를 해 보았더니 근육과 신경 조직의 일부에서 혈액 흐름이 정상이 아니더라는 거야. 앞에서 얘기한 거 기억나? 피가 머리부터 발끝까지 돌고 돌며 산소를 배달해야 세포가 살고, 세포가 살아야 우리도 살 수 있다고 한 거 말이야. 그러니까 "혈액 흐름이 정상이 아니다", 즉 피가 잘 흐르지 않는다는 건 대단히 심각한 일이라고. 알고 보니 그 캐나다 사람은 피가 잘 돌지 않아 다리 근육에 피가 공급되지 않는 '구획 증후군'이라는 병을 앓고 있었다고 해.

아무튼 이 남자는 응급 수술을 받게 됐는데, 의료진들이 수술하려다 이 남자가 흘리는 피를 보고는 엄청 놀랐대. 피 색깔이 초록색이었다는 거야. 영화나 드라마에 등장하는 외계인이라면 모를까, 이건 말이 안 되잖아. 사람 피가 초록색이라니!

그러고 보니, 우리가 아는 사람 중에 초록색 피를 흘리는 유명인이 있구나. 미국의 SF 드라마 중에 『스타

트렉』이라고 있어. 이 드라마 등장인물 중에 뾰족한 귀, 말도 못 하게 단정한 일자 앞머리로 유명한 '스팍'이라고 있거든. 스팍은 외계 종족과 인간 사이에 태어난 혼혈이라 피가 초록색이야. 드라마에서 스팍이 상처를 입고 초록색 피를 흘리는 장면은 아주 흥미롭고 인상적이었어.

또 1980년대에 세계적으로 인기를 끌었던 미국의 SF 드라마 중에 『V』라는 게 있었어. 이 드라마에서 가장 유명했던 장면은, 사람이랑 겉모습이 똑같은 외계인 사령관이 생쥐를 통째로 삼키는 장면이었지. 그리고 또 하나, 초록 피를 흘리는 장면이었어. 한마디로 초록 피는 사람이 아니라 외계인의 피라고!

그렇다면 혹시 이 캐나다 남자는 사람 모습으로 지구에 침투한 외계인이었던 걸까?

그랬다면 정말 놀라운 일이었을 텐데, 사실 이 남자는 그냥 평범한 사람이었어. 초록 피를 흘린 건 약 때문이었지. 무슨 약을 먹었기에 피 색깔까지 초록으로 변한 걸까? 이 사람은 전부터 편두통 때문에 '수마트립탄'이라는 약을 자주 먹었대. 이 약은 산소를 배달하는 헤모글로빈에 황 성분이 달라붙게 만드는데, 헤모글로빈이 황과 만나면 초록색으로 보이게 돼. 그러니까 외계인이 아니어도 황 성분을 많이 먹으면 피가 초록색으로 변할 수 있어.*

다행히 이 남자는 수술도 잘 받았고, 편두통 약을 끊었더니 피가 다시 빨간색으로 돌아왔대. 헤모글로빈에 더 이상 황이 달라붙지 않은 덕분이지.

피 색깔이 변할 수 있다니, 정말 신기하지 않니?

---

* http://news.bbc.co.uk/2/hi/health/6733203.stm
https://www.newscientist.com/article/dn12024-patient-shocks-surgeons-with-green-blood/

피 속에 들어 있는 온갖 물질들

헤모글로빈에 철이 들어 있어서 산소와 만나면 피가 빨간색으로 보인다는 거, 이젠 이해했지? 그런데 피 속에 들어 있는 '철'이라면 못을 만드는 바로 그 '철'이랑 똑같은 건지 궁금하다는 친구들이 있을 거야. 맞아, 못 만들 때 쓰이는 바로 그 철이야. 철을 '쇠'라고도 하지? 헤모글로빈의 철은 원소 기호로 'Fe'인데, 철사나 쇠못을 만들 때 쓰이는 철의 원소 기호도 'Fe'야. 그러니까 같은 철인 거지.

어떤 물질이 산소와 만나는 걸 어려운

● **원소** 어떤 물질을 더 이상 쪼개지지 않을 만큼 쪼개고 분해한 기본 성분. 수소, 산소, 구리, 철 등은 모두 원소로, 더 작게 쪼개거나 분해할 수 없다.
●● **원소 기호** 110여 가지의 원소를 알아보기 쉽게 기호로 나타낸 것

말로 '산화'라고 해. 피가 빨갛게 보이는 걸 다른 말로 하면 "피 속의 철이 산화되어서 그런 것"이라고 할 수 있지. 피 속에 들어 있는 철 성분과 못의 철 성분은 같아. 그래서 철사나 못이 공기 중의 산소와 만나 산화되면 '빨갛게' 녹이 슬지. 피가 붉게 보이는 것처럼 말이야.

그렇다면 구리는 어떨까? 투구게의 피에는 철이 든 헤모글로빈이 아니라 구리 성분의 헤모시아닌이 산소를 배달하잖아. 그런데 신기하게도, 빨간색인 사람의 피 속에도 구리가 들어 있어. 다만 철에 비하면 그 양이 아주 적지. 구리는 원소 기호로 'Cu'인데, 전기가 잘 통해서 전선처럼 전기 제품에 많이 쓰이는 바로 그 구리랑 똑같아. 물론 그렇다고, 피 속에 전선 모양 그대로 구리가 들어 있다는 건 아니야.

피 속에는 소금 성분인 나트륨(원소 기호 'Na+')도 들어 있어. 요리할 때 음식의 간을 맞추는 짠 소금 말이야. 그러니까 피 속에는 소금 성분이 들어 있는 셈이지. 입 안이나 입술에서 피가 나면 혀에 살짝 짠 맛이 느껴지는 건 이 때문이야.

또 가볍고 단단해서 휴대 전화나 노트북 컴퓨터 케이스에 많이 쓰이는 물질이 마그네슘(원소 기호 'Mg')

인데, 이것도 피 속에 들어 있어. 비누 만들 때 쓰이는 칼륨(원소 기호 'K+')도 피에는 들어 있어. 물론 비누에 들어간 그 칼륨과 같은 칼륨이야.

 혹시 어른들이 "당뇨병에 걸려서 혈당이 높다"고 이야기하는 것 들어 봤니? 여기서 '혈당'이라고 하는 건 피 속에 들어 있는 포도당♦의 수치를 가리키는 말이야. 피 속의 포도당 수치는 너무 높거나 너무 낮으면 안 돼. 췌장이 피 속의 포도당 수치를 조절하는데, 췌장이 이런 기능을 잘 못하면 혈당 조절이 잘 안 돼. 이걸 당뇨병이라고 하지. 피를 의미하는 '혈'과 포도당의 '당'이 합쳐진 말이 바로 '혈당'이야.

♦ **포도당** 광합성으로 만들어지며, 대다수 생물의 가장 좋은 에너지원. 단맛이 나는 과실 속에 다량으로 존재하고, 발효와 호흡에 사용되는 물질. 동물에서는 혈액, 뇌척수액, 림프액 속에 소량 함유되어 있다. 당뇨병 환자의 오줌 속에는 다량 함유.

 우리가 흔히 먹는 밥이나 빵, 국수는 탄수화물로 되어 있어. 밥을 꼭꼭 씹어서 꿀꺽 삼키면 밥의 영양분을 세포가 잘 흡수할 수 있도록 위장과 작은창자에서 아주아주 작은 조각으로 쪼개고 또 쪼개는데, 탄수화물이 제일 작은 조각으로 쪼개진 게 포도당이야. 달콤한 사탕이나 초콜릿 역시 소화되어 가장 작은 조각으로 쪼개지면 포도당이 돼. 피에 들어 있는 포도당은 밥이나 초콜릿이 엄청나게 작게 쪼개진 거야. 피 속에 밥알이 떠다니는 건 아니지만, 밥과 같은 성분이 들어 있는 거지.

아무튼 당뇨병에 걸려 혈당 조절이 잘 안 되는 사람은 흰밥이나 흰 빵, 초콜릿 같은 단 음식을 먹을 때 조심해야 해. 피 속에 포도당이 너무 많아지면 안 되니까.

그나저나 우리 피 속에 철 못, 비누, 구리 전선, 초콜릿과 같은 성분이 들어 있다니, 피 속에는 정말 별의별 게 다 들어 있지?

그런데 이게 다가 아니야. 비타민도 들어 있어. 비타민이라면, 과일과 채소에 들어 있다는 그 비타민? 맞아, 바로 그 비타민이야.

피에는 또, 너무 많으면 몸에 병이 생기는 일종의 기름(지방)인 나쁜 콜레스테롤도 들어 있고, 건강에 유익한 좋은 콜레스테롤도 들어 있어.

소고기, 돼지고기에 들어 있는 그 단백질도 들어 있을까? 당연히 들어 있지. 알부민, 글로불린은 이름은 달라도 다 단백질 종류인데, 다 피 속에 들어 있어. 투구게의 피에도 단백질이 들어 있었잖아. 오염된 피를 응고시키는 'LAL 단백질' 기억나지?

이 많은 걸 다 담고 있는 피가 머리부터 발끝까지 돌고 돌려면 참 힘들겠어.

사실 피는 그냥 맑은 액체가 아니야. "피가 물보다 진하다"는 말이 있어. 남보다 피를 나눈 가족 간의 정이 더 강하다는 뜻인데, 이런 비유적인 의미로도 맞는 말이지만, 실제로도 피는 물보다 엄청 진해.

피 속의 금

 피에 별의별 오만 가지 것들이 다 들어 있다는 말은 정말 사실이야. 심지어 금도 들어 있으니까. 평균적으로 어른 한 명의 피 속에 들어 있는 금을 다 모으면 0.2밀리그램 정도래. 쌀 한 톨의 10분의 1 정도 되지.
 너무 적어서 실망했니? 그래도 사람 피에 금 성분이 들어 있다는 게 놀랍지 않니? 우리 몸이 그 자체로 금광인 셈이니까. 이걸 신난다고 해야 할까?

피가 물보다 진한 까닭

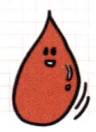

우리 몸이 세포로 되어 있는 것처럼 피도 그래. 적혈구, 백혈구, 혈소판, 혈장, 모두 피를 구성하는 세포야.

♦ **백혈구** 병균을 잡아먹어 우리 몸을 방어해 주는 혈액 세포

피를 원심분리기라는 특별한 기계에 넣으면 두 부분으로 나누어지는데, 위 부분은 엷은 노란색의 물 같은 액체이고 아래에는 검붉은 물질이 가라앉게 돼. 이 노란 액체를 '혈장'이라고 하고, 아래 가라앉은 검붉은 물질은 '적혈구'라고 해. 그리고 적혈구와 혈장 사이 얇은 막 같은 부분에 백혈구와 혈소판이 있어.

분리된 피를 보면 노란색 혈장이 절반 이상을 차지

해. 그리고 가라앉은 세포 대부분은 적혈구야. 그러니까 피의 대부분은 혈장과 적혈구라고 할 수 있지. 헤모글로빈은 이 적혈구에 들어 있는데, 혈액 세포 대부분이 적혈구니까 헤모글로빈의 철이 산소와 만나 붉은색으로 보이는 게 당연하겠지.

그럼, 이 세포들이 피에 얼마나 많이 들어 있는지 알아보자.
사람마다, 또 상황이나 건강 상태에 따라 다르지만, 평균적으로 단 '한 방울'의 피 안에 적혈구 세포는 약

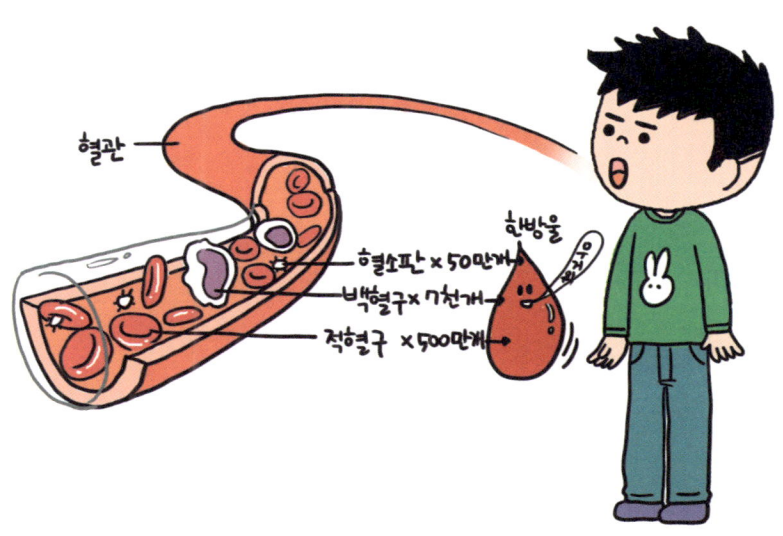

5백만 개, 백혈구 세포는 약 7천 개, 혈소판 세포는 약 5십만 개가 들어 있어. '한 사발'이 아니라 '한 방울'의 피에 이렇게 많은 세포가 들어 있다니, 엄청나지? 이게 다가 아니라 물, 지방, 소금, 설탕, 비타민, 호르몬, 단백질까지 들어 있다고.

음식도 아닌데 피에 웬 물, 소금, 지방, 설탕이야, 싶지? 노란 액체로 보이는 혈장의 90퍼센트가 물이야. 또 앞서 이야기한 것처럼 콜레스테롤은 지방이고, 나트륨은 소금, 설탕은 포도당이야. 물론 이것들 말고도 철, 구리, 칼륨 같은 무기질도 들어 있지.

피를 만져 보면, 액체이긴 한데 맹물 같지 않고 약간 걸쭉한 느낌이 나잖아. 이렇게 많은 것들을 담고 있으니 그럴 수밖에 없지.

피돌기의 놀라운 속도

 피는 한마디로 슈퍼맨이랑 플래쉬맨을 합쳐 놓은 정도의 슈퍼히어로라 할 수 있어. 이런저런 것들을 수백만 개도 넘게 담고서 온몸을 돌아다니는 것으로도 모자라, 도는 동안 이런저런 일까지 해내거든. 게다가 한순간도 쉬지 않아. 슈퍼맨과 플래쉬맨이 합체한 "울트라 메가 슈퍼 히어로"라고 할 수 있지.

 그렇다면 이렇게 힘세고 빠른 피는 도대체 무슨 일을 할까? 일단 피 속의 헤모글로빈이 산소 배달부니까 피가 산소를 배달한다고 할 수 있지. 산소를 배달하는 김에 영양분도 함께 배달해. 세포가 먹고 살아야 하니까.

배달을 가면서 산소와 영양분은 내려놓고 대신 버려야 할 것들은 가져와. 이를테면 숨을 내쉴 때 몸 밖으로 내보내야 할 이산화탄소를 나르는 것도 피야. 세포들에게 산소는 갖다 주고 이산화탄소는 가져오는 거지. 산소를 품은 적혈구는 선홍색이고, 이산화탄소를 품은 적혈구는 검붉은 색이야. 또 오줌이나 땀으로 몸 밖에 내보내야 하는 것들도 피가 운반해 줘.

담고 다니는 세포만도 수백만 개가 넘는데 한순간도 쉬지 않고 종일 돌아다니다니, 슈퍼맨도 이 정도로 일을 잘할 수는 없을걸. 그래도 어쩔 수 없어. 잠깐이라도 피가 돌지 않으면 앞에 나온 초록 피를 가진 남자처럼 큰일이 나니까.

더 놀라운 건 걸쭉할 정도로 무거운 몸으로 쉬지 않고 돌아다니는데, 심지어 도는 속도가 어마무시하다는 사실!

피가 얼마나 빨리 움직이는지 한번 볼까? 피는 아무 데나 다니지 않고 꼭 '혈관'이라는 통로로만 다녀. 혈관은 머리 꼭대기부터 발끝까지 온몸에 퍼져 있지. 그래야 피가 온몸을 돌며 빠짐없이 산소를 운반할 수 있으니까.

피는 심장에서 뿜어져 나와 혈관을 통해 온몸을 돌고 다시 심장으로 들어가는데, 이를 '혈액순환'이라고 해. 심장에서 나와 다시 심장으로 돌아오기까지 혈액순환 시간을 알아보면 혈액순환의 속도, 그러니까 피가 움직이는 속도를 짐작할 수 있어.

과학자들이 어느 건강한 사람의 혈관에 색소를 주사한 뒤 색소가 피와 함께 온몸을 돌고 다시 원래 자리로 돌아온 시간을 재 보았대. 그랬더니 시간이 얼마나 걸렸는 줄 알아? 바로 1분, 그러니까 60초를 넘지 않았대.

이게 느린 건지, 빠른 건지 모르겠다고? 학교에서 백 미터 달리기를 해 본 적이 있을 거야. 보통 16초에서 19초 정도 나오는데, 전력 질주를 하고 나면 고작 백 미터라도 힘이 들고 숨이 차잖아.

그런데 우리 몸에 있는 혈관의 길이는 백 미터보다 백만 배나 더 길어. 머리에서 발끝까지 퍼진 모든 혈관, 굵직한 동맥과 정맥은 물론이고 맨눈으로는 볼 수 없고 현미경으로 봐야 할 정도로 아주 가느다란 모세 혈관까지 모조리 다 합치면 무려 십만 킬로미터가 넘거든. 십만 킬로미터는 지구를 두 바퀴 반을 돌아야 할 만큼 엄청난 길이야. 내 몸속에 이렇게 긴 핏줄이 담겨 있다니, 정말 깜짝 놀랄 일 아니니? 더 놀라운 건 이걸 한 바퀴 도는 데 1분도 안 걸렸다는 사실이지.

　백 미터를 달리는 데 10초가 채 걸리지 않은 우사인 볼트라도 지구를 두 바퀴 반이나 달리려면 몇 달, 아니 몇 년이 걸릴지도 몰라. 게다가 오만 가지 물건을 든 채 쉬지 않고 달리는 건 더 힘들겠지. 수백만 개의 세포와 지방, 소금, 설탕, 비타민, 무기질에 호르몬까지 담고 있는 걸쭉한 피가 십만 킬로미터를 도는 데 걸린 시간이 1분도 안 된다는 건, 정말 엄청난 거야.

물론 혈액의 순환 속도는 사람에 따라, 경우에 따라 달라. 달리기를 하거나, 놀라거나 겁이 나서 심장이 평소보다 더 빨리 뛰거나, 피 속에 나쁜 콜레스테롤이 많거나, 당뇨병 때문에 피 속의 포도당이 정상치보다 많거나 하면 혈액순환 속도가 더 빠르거나 더 느리거든.

 이 어려운 일을 쉼 없이 해내고 있는 피에게 늘 감사해야 할 것 같아.

헌혈해도 괜찮아

 피가 그렇게 빠르다면 헌혈하면 안 되겠다고? 헌혈하려다 엄청나게 빠른 혈액 속도 때문에 피가 안 멈출까 봐 걱정하는 거야? 걱정하지 마. 차근차근 설명을 듣고 나면 괜찮을 거야.

 혈액순환 속도가 무지하게 빠르다는 걸 생각하면, 그런 걱정이 들 만도 해. 피를 뽑을 때 혈관에 주사기를 꽂는 것만 해도 무서운데, 그 구멍으로 폭포수처럼 피가 쏟아져 나오는 상상을 하게 되면 헌혈 차 근처에도 가기 싫을 거야. 십만 킬로미터도 넘는 혈관을 한 번 도는 데 1분도 걸리지 않을 만큼 혈액순환 속도가 빠르다면, 주사 바늘로 생긴 혈관의 구멍을 통해 엄청나게 빠른 속도로 피가 흘러나오지 않을까 걱정될 수 있어.

피는 온몸에 산소를 공급하고 노폐물을 운반해야 하는데, 헌혈했다가 피가 모자라서 내 몸의 피가 이런 일을 제대로 못 하면 어떡하나 걱정될 수도 있어.

먼저 주사 바늘 이야기부터 해 보자. 주사 바늘로 생긴 구멍을 통해 피가 나올 때도 그만큼 빠른 속도로 빠져 나오면 어쩌나 하는 걱정은 붙들어 매도 돼. 텔레비전에서 교통사고를 당한 피해자가 '과도한 출혈', 그러니까 피를 너무 많이 흘려서 사망했다는 소식 같은 걸 들은 적 있을 거야. 피를 너무 많이 흘리면 생명을 잃는 건 맞아. 나이, 성별에 따라 다르지만, 일반적으로 어른은 몸에 평균 5리터 정도의 피를 갖고 있어. 슈퍼마켓에서 파는 종이팩에 포장된 큰 우유 있지? 그게 1리터야. 그러니까 5리터는 그런 우유팩 5개 정도의 양이지.

그럼, 아기는 어떨까? 귀여운 갓난아기는 앙증맞게도 약 한 컵 정도의 피를 갖고 있대. 건강한 어른이라면 1리터 정도의 피는 잃어도 생명을 유지할 수 있어. 그런데 2리터를 잃으면 반드시 수혈을 받아야 하고,

수혈을 받지 못하면 죽을 수도 있어. 몸속에 일정 정도의 피는 반드시 있어야 하는 거지.

그런데 우리가 헌혈을 하면서 뽑는 피는 한 번에 3백에서 4백 밀리리터 정도야. 생명에 전혀 지장이 없는 양이지. 1리터의 3분의 1 정도에 불과하니까.

또 새로운 피, 더 정확히 표현하면 새로운 혈액 세포가 계속 만들어지기 때문에 이 정도 출혈은 괜찮아. 적혈구, 백혈구, 혈소판 같은 혈액 세포는 다른 세포들이 그렇듯, 일정 기간이 지나면 죽어. 세포에도 수명이 있거든. 그래서 뼈 안쪽의 골수에서 계속 혈액 세포를 만들어 내. 죽은 세포는 노폐물처럼 버려지고, 그 자리에 새 세포가 들어가 계속 일을 하지.

적혈구는 120일, 그러니까 넉 달 정도 살고 죽어. 백혈구는 이보다 훨씬 수명이 짧아서 열흘 정도 살기도 하지만, 짧게는 이틀 만에 죽기도 해. 혈소판의 수명은 네댓새 정도야.

하지만 골수에서 계속 혈액 세포를 새로 만드니까

혈액 세포가 늙어 죽어도, 헌혈하느라 피를 좀 뽑아내도, 살아 있는 세포와 새로 생겨난 세포가 계속 돌고 도니까 피가 모자랄까 봐 걱정할 필요는 없어.

그리고 혈액순환 속도가 엄청나긴 하지만 혈관에 생긴 주사 바늘 구멍으로 한도 끝도 없이, 엄청나게 빠른 속도로 피가 흘러나오는 건 아니야. 손이나 발에 상처 난 적 있을 거야. 상처에서 피가 나면 어떻게 하니? 휴지로 피를 닦거나, 흐르는 물에 상처를 씻거나, 밴드를 붙이지? 상처가 대단치 않으면 그냥 놔두기도 하잖아. 그러고 잠시 시간이 지나면 피가 저 혼자 멎어. 이미 흘러나온 피는 얼마 지나면 딱지가 되고, 딱지 주변이 간질간질하다가 결국 떨어지고 나면, 상처 자국만 희미하게 남지. 물론 상처로 벌어졌던 피부는 붙어 있고 말이야.

상처에서 피가 난다는 건, 피부도 찢어지고 피부 안쪽의 혈관까지 찢어졌다는 뜻이야. 피는 혈관에서만 돌고 도니까 혈관이 찢어지지 않으면 피도 나지 않아. 찢어지든 구멍이 나든 혈관을 돌던 피가 혈관 밖으로 나오면, 혈관 안을 날쌔게 돌던 그 속도만큼이나 빠르게 피가 밖으로 나오겠지.

 그런데도 심각한 상처가 아니면 피가 많이 나오지 않는 건 물론이고, 조금 있으면 피가 스스로 멈추는 건 왜일까? 그건 바로 혈소판 덕분이야. 혈액 세포 중 적혈구 다음으로 수가 많은 혈소판은 피를 굳게 만들어. 투구게의 피는 해로운 물질이 피 안에 들어오면 오염된 피가 퍼지지 않도록 굳는다고 했지? 사람의 혈소판은 피가 계속 나지 않도록 상처 부위의 피를 굳게 만들어.

 피딱지가 생기는 것도 혈소판 덕분이야. 상처 위의 피가 딱딱하게 굳으면, 상처로 벌어진 피부와 혈관이 막혀 버리니까 더 이상 피가 나갈 수도 없고, 바깥에서 균이 들어오지도 않아.

 여러분도 좀 더 나이가 들면 헌혈을 할 기회가 있을 거야. 주사 바늘로 혈관에 구멍을 내고 그리로 피를 뽑아낸 뒤, 피가 필요한 사람들을 위해 쓰지. 헌혈은 사람을 구하는, 아주 숭고한 행위야. 주사 바늘을 꽂고 헌혈을 하고 나면 주사 바늘이 꽂혔던 자리를 소독된 깨끗한 솜으로 몇 분 동안 꾹 누르라고 할 거야. 주사 바늘이 아주 얇으니까 혈관에 난 구멍도 아주 작아. 그러니 헌혈 때문에 생긴 혈관 구멍으로 피가 콸콸 쏟아져 나올 일은 없어.

 게다가 헌혈이 끝나고 주사 바늘이 빠지면, 혈관에 난 작은 구멍 주위에 혈소판이 모여 들어 피가 더 이상 흘러나가지 못하도록 피를 응고시켜. 그렇게 몇 분만 누르면 대부분 피가 멎어. 혈소판 덕분에 피는 더 이상 나오지 않겠지만, 그래도 구멍이 완전히 막힐 때까지 혈관과 피부를 보호하기 위해 밴드를 붙여.

 그러니까 헌혈을 해도 피가 모자라 생명이 위험해지거나, 헌혈을 하다 피가 줄기차게 계속 쏟아져 사망하는 일은 없는 거지.

조지 워싱턴이 피를 너무 많이 흘려 사망했다고?

미국의 초대 대통령직에서 물러난 후 워싱턴은 후두개염에 걸렸어. 후두개염이란 목에 심한 염증이 생겨 숨 쉬기가 힘든 병이야. 의학이 발달하지 못했던 그때는 '사혈 치료'라는 치료법이 유행했대. 나쁜 피를 빼내서 병을 치료하겠다는 방식이었어.

워싱턴의 주치의는 유행에 민감한 사람이었나 봐. 숨도 잘 못 쉬는 어르신 환자인 워싱턴에게 사혈 치료를 한다고 몸 전체 피의 거의 절반이나 뽑아냈다지 뭐야.

전쟁 중 총에 맞고도 살아남은 조지 워싱턴은 기가 막히게도 의사의 치료를 받다가 과다 출혈로 사망했대.*

https://en.wikipedia.org/wiki/George_Washington#Death

헌혈하면 안 되는 사람

다른 사람에게 자신의 피를 나누어 주는 헌혈은 생명을 살리는 일이야. 사람이라면 누구나 피 없이는 살 수 없는데, 사고나 병으로 몸속의 피가 모자라게 된 사람에게는 다른 사람의 피를 받는 것 말고는 방법이 없거든. 그런데 어쩔 수 없이 피를 많이 흘리게 되는 일은 누구에게나 있을 수 있어. 이를테면 상처가 워낙 크게 나는 바람에 혈관이 넓게 찢어져서 혈소판이 응고시킬 새도 없이 순식간에 피가 쏟아져 나오는 경우나, 피부를 찢고 내장이나 근육, 뼈 같은 데를 수술해야만 하는 경우도 있잖아.

이때 누군가의 피를 받지 못하면 죽을 수도 있어. 골수에서 새로운 혈액 세포가 계속 만들어지니까 약간의 피를 나눈다고 내 생명이 위험해지는 것도 아니고, 또 내가 나눈 피로 누군가의 소중한 생명을 살릴 수 있다면 참 의미 있고 보람 있는 일 아니겠어?

그런데 말이야. 세상에는 절대로 헌혈을 하면 안 되는 사람이 있어.

일단 피에 문제가 있는 사람은 헌혈을 하면 안 돼. 피를 통해 전염되는 병을 앓는 환자가 헌혈을 하면 그 피를 받은 사람이 같은 병에 걸리게 되니까.

그리고 피에 철이 부족한 사람도 안 돼. 쇠못이랑 같은 성분이라는 그 '철(Fe)' 말이야. 산소 배달이라는, 말도 못 하게 중요한 임무를 적혈구의 헤모글로빈이 맡고 있는데, 헤모글로빈은 철이 주성분이잖아. 그래서 피에 철이 부족한 사람, 그러니까 빈혈인 사람은 헌혈을 하면 안 돼. 헌혈하다 쓰러질 수도 있거든.

빈혈은 피 자체, 그러니까 피의 양이 부족한 게 아니라, 적혈구가 부족해서 생기는 증상이야. 적혈구가 부족하다는 건 산소를 운반하는 헤모글로빈이 부족하다

는 뜻이고, 그 말은 곧 철이 부족하다는 뜻이야. 철이 부족하면 산소 배달이 잘 안 돼서 쉽게 숨이 차고 어지럽고 기운도 없어져. 골수에서 적혈구를 계속 만들어 내긴 해도, 이미 철이 모자란 사람이 헌혈로 지금보다 철이 더 모자라서 빈혈이 더 심해지면 안 되잖아. 그래서 헌혈을 하기 전에 먼저 한두 방울 피를 낸 후, 혈액 속에 철이 얼마나 들어 있나 검사를 해. 철이 부족하다고 나오면 헌혈을 할 수 없어.

이때 철 검사뿐 아니라 피로 옮는 질병 검사도 같이 해. 피를 통해 다른 이에게 병을 옮길 수 있는 사람, 혈액암인 백혈병을 앓는 사람은 헌혈을 못 하게 해. 백혈병은 암세포가 피와 함께 혈관을 타고 온몸을 돌아다니는 병으로, 수혈*이 필요한 질병이야. 백혈병에 걸렸던 사람은 병이 다 나은 후에도 헌혈을 할 수 없어.

> ◆ **수혈** 남의 피를 받는 것
> ◆◆ **인자** 어떤 일이 일어나게 만드는 원인이 되는 물질
> ◆◆◆ **응고 인자** 피가 계속 흐르지 않고 굳게 만드는 물질

혈우병 환자도 헌혈을 할 수 없어. 병 이름에 '혈'이라는 글자가 들어갔으니 피와 관련된 병이라는 건 다들 눈치 챘겠지? 혈우병은 피를 굳게 만드는 응고 인자◆◆가 부족한 병이야. 혈액 응고 인자◆◆◆가 부족하니 피가 나도 잘 굳지 않아서 출혈이 쉽게 멈추지 않아. 조심한다 해도 어쩌다 칼에 손가락이 베일 수도 있고, 길 가다가 넘어져 무릎이 까질 수도 있잖아. 그런데 피가 쉽게 멈추지 않으면 어떻게 되겠어? 보통 심각한 일이 아닌 거지.

혈우병에 대해서는 뒤에서 좀 더 자세히 이야기해 보자.

혈우병 때문에

 혹시, 영국 여왕의 혈우병이 러시아 왕실을 망하게 한 원인이었다는 이야기 들어 봤어? 얼마나 엄청난 병이기에 한 나라의 왕조를 무너뜨린 걸까, 궁금하지 않니?
 1800년대 영국을 통치한 빅토리아 여왕은 아들 넷과 딸 다섯을 두었어. 딸들이 나이가 들자 공주들은 유럽의 다른 나라 왕자들과 결혼을 했지. 얼핏 봐서는 특별한 이야기가 아닌 듯 보이지만 사실은 그렇지 않아. 빅토리아 여왕이 혈우병 보인자˙였거든.
 남자가 혈우병에 걸리면 혈우병 증상이 겉으로 드러나. 그런데 여자는 혈우병 인자를 몸에 갖고만 있을 뿐 증상은 보이지 않아. 이런 여성을 '혈우병 보인자'라고 해. 혈우병은 유전병이라 혈우병 환자나 보인자 여성은 자녀에게 혈우병을 유전시킬 수 있어.

그렇다 보니 빅토리아 여왕의 딸 다섯 명 중 세 명이 혈우병 보인자였고, 아들 네 명 중 한 명은 혈우병 환자였어. 여왕의 딸들이 유럽의 여러 나라 왕자들과 결혼해서 자식들을 낳았을 테니, 그 외손자들 가운데 혈우병 환자나 보인자가 나타나는 건 당연하겠지? 한마디로 빅토리아 여왕 덕분에 유럽의 여러 왕실에 혈우병 유전자가 널리 퍼지게 된 거야.

▪ **보인자** 유전을 통해 아랫세대로 이어지는 유전병이 겉으로 드러나지는 않고 그 유전 인자만 가지고 있는 사람. 예를 들어, 혈우병은 유전병인데, 이 혈우병 유전 인자는 성염색체 중 X염색체 위에만 있어, 여자만 보인자가 된다. 정상인 남자는 XY이고 혈우병인 남자는 X'Y인데, 여자는 정상이 XX이고 보인자는 XX'이며 혈우병인 여자는 X'X'이다.

문제의 사건은 지금부터야. 여왕의 증손녀로 혈우병 보인자였던 알렉산드라가 러시아의 마지막 황제 니콜라이 2세와 결혼을 한 거야. '마지막 황제'라는 건, 니콜라이 2세를 끝으로 더 이상 황제가 없고, 왕조 시대가 끝났다는 뜻이지. 자, 어쩌다 그렇게 된 걸까?

황후 알렉산드라는 딸만 넷을 낳은 뒤 아들 알렉세이를 낳았어. 당연히 러시아 왕실이 아주 기뻐했대. 하지만 안타깝게도 왕위를 이을 귀한 아들인 황태자 알렉세이가 혈우병 환자였던 거야. 외가의 병을 이어 받은 거지. 어려서부터 배꼽에서 피가 났는데 잘 멈추지 않았고, 살짝만 부딪쳐도 멍이 쉽게 들어 황태자는 일찌감치 혈우병 진단을 받았어.

 무슨 약을 써도, 어떤 의사가 치료해도 황태자의 건강은 좋아지지 않았어. 그런데 어느 날 라스푸틴이라는 사람이 나타나 황태자의 혈우병 증세를 좋아지게 만들었대. 어떻게 했는지는 모르지만, 출혈이 멈추지 않아 황태자의 생명이 위험할 때 혜성처럼 나타난 라스푸틴이 피를 멈추게 했대. 아들을 살려 주었으니 황후 알렉산드라에게 라스푸틴은 신과 같은 존재가 되고 말았어. 아들의 치료뿐 아니라 무슨 일이든 라스푸틴의 말이라면 다 믿었고 라스푸틴이 하라는 건 다 할 정도였다니까.

 당시 러시아는 1차 세계대전에 휘말려 황제도 전쟁에 자주 나갔고, 전쟁에 여러 번 패하기도 했고, 노동자와 농민들의 삶이 무너져 나라 전체가 어렵고 혼란스러웠어. 그런데 황후의 전적인 신뢰를 등에 업은 라스푸틴은 러시아 왕실과 정치, 나라 살림까지 제 마음

대로 주무르며 나라를 더욱 어렵게 만들었대. 견디다 못한 왕족들이 라스푸틴을 암살했지만, 황제와 왕실의 권위는 이미 땅에 떨어졌고 나라도, 백성들의 생활도 엉망진창이 되어 버렸지. 왕실에 대한 시민들의 불신과 불만은 갈수록 커졌고, 마침내 러시아혁명이 일어나 러시아 왕실은 끝나 버렸어.

그럼, 황태자 알렉세이는 어떻게 되었을까? 혈우병을 이겨냈을까? 러시아는 러시아혁명으로 공산주의 국가가 되었고, 알렉세이의 아버지인 황제 니콜라이 2세는 왕좌에서 쫓겨났어. 황제와 가족들은 감금도 당하고 멀리 유배도 당했는데, 이 과정에서 알렉세이의 혈우병이 크게 악화되어 죽기 전에는 잘 걷지도 못했대.

하지만 정작 알렉세이의 생명을 앗아간 건 혈우병이 아니었어. 알렉세이를 포함한 왕실 가족은 다 혁명군에게 처형당했거든.

혈우병이 러시아 왕실 멸망의 직접적인 원인은 아니었다 해도, 큰 영향을 미친 건 사실이었어.

피 때문에 생긴 병

　그렇다면 도대체 라스푸틴은 어떻게 황태자 알렉세이의 혈우병 증상을 좋아지게 했을까? 라스푸틴은 자신을 '수도승'이라 소개했어. 마술 같은 신비한 힘으로 황태자를 치료한다고 했지. 하지만 라스푸틴은 치료자보다는 사기꾼에 더 가까웠어.

　어쨌든 병이 낫지 않았느냐고? 병을 고친 건 라스푸틴이 아니라 환자 자신이었던 것 같아. 병을 고칠 수 있다고 장담하는 라스푸틴의 '기도'와 '시술'을 받으며 알렉세이는 몸과 마음이 안정되어 스스로 병을 이겨낼 힘이 생겼던 게 아닐까? 덕분에 일시적으로나마 건강이 좋아졌을 테고.

혈우병은 피에 '혈액 응고 인자'라는 물질이 부족한 병이라서 라스푸틴의 기도 요법 같은 것으로는 치료할 수 없고, 이 응고 인자가 들어 있는 혈장을 수혈해야 해. 건강한 일반인의 피 속에는 이 응고 인자가 들어 있거든.

피를 굳게 만드는 게 '혈소판'이라고 한 거 기억나니? 상처로 혈관이 찢어져 피가 혈관 밖으로 나오면 혈소판과 이 응고 인자가 같이 힘을 모아 상처 부위의

피를 굳게 만들어서 계속 피가 나지 않게 도와준다고 했잖아. 혈우병의 원인은 혈소판이 아니라 응고 인자가 없다는 데 있어.

혈소판이 모자라서 피가 잘 굳지 않는 병을 '혈소판 감소증'이라고 해. 말 그대로 혈소판 수가 줄어드는 거지. 둘 다 피가 쉽게 응고되지 않는 병이지만 두 병은 원인이 다른 별개의 병이야. 백혈병이나 빈혈, 항암 치료 때문에 일시적으로 혈소판 수가 줄어들기도 해서, 심하지 않은 혈소판 감소증은 별다른 치료를 하지 않아.

혈소판을 만들어 내는 건 골수인데, 혈소판 감소증이 의심되면 골수 검사로 골수에서 혈소판이 잘 만들어지는지 알아봐야 해. 혈우병 진단은 유전자 검사의 DNA 분석을 통해서만 가능한데, 이 검사를 해야 혈액 응고 인자가 부족한지 아닌지 알 수 있어.

이 밖에도 엄마와 뱃속 아기 사이의 혈액형이 맞지 않아 생기는 '레소스병(Rh병)'도 있어.

엄마 뱃속에 있는 태아는 탯줄로 엄마와 연결되어 필요한 것들을 공급받아. 엄마와 아기가 한 몸처럼 생활하는 거지. 그렇다고 아기와 엄마 혈액형까지 같은 건 아니야. 특히 Rh혈액형이 다를 때 레소스병이 생길 수 있어. 엄마와 아기가 한 몸이라면서 서로 혈액형이 맞지 않아 병이 생기다니, 피는 참말로 신기하다니까.

Rh혈액형이란 말 들어 봤니? A형, B형, O형, AB형 혈액형은 알고 있지? 이런 ABO식 말고도 Rh양성(Rh+) 혈액과 Rh음성(Rh-) 혈액 종류도 있어. 우리나라에서 Rh- 혈액형은 파란 피만큼이나 희귀하고 귀한 혈액형이야. 서양인의 경우 다섯 명 중 한 명 정도가 Rh-인데, 한국인의 경우는 1천 명당 한두 명 정도만 Rh- 혈액형이거든. 그래서 Rh- 혈액형인 사람이 수혈해야 하는 상황일 때 맞는 피를 찾지 못해 어려움을 겪기도 해.

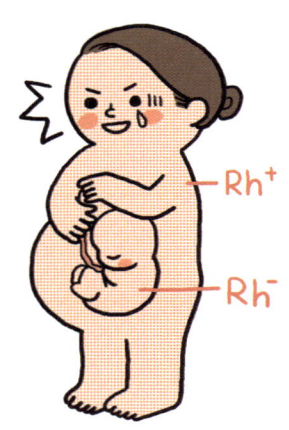

다른 사람의 피를 받을 때는 A형, B형, O형, AB형 혈액형도 맞아야 하고 Rh+과 Rh-도 맞아야 해. 내 피가 Rh-이고 B형이라면, Rh-이고 B형인 피를 받아야지, Rh+ B형인 피는 받을 수 없어. 맞지 않는 피를 받으면 피가 엉겨서 결국 사망하거든. 레소스병도 엄마

와 아기 피의 Rh 혈액형이 다를 때 생겨.

'Rh'는 '붉은털원숭이(Rhesus monkey)'의 영어 이름에서 따 온 거야. Rh식 혈액형은 신기하게도 '붉은털원숭이'의 피를 사용해서 Rh+인지 Rh-인지 구분하거든.

레소스병을 'Rh병'이라고 하는 건 Rh 혈액형이 문제인 병이라서 그래. 예를 들어 Rh- 엄마가 Rh+ 아기를 임신한 경우, 아기의 피가 태반♦을 통해 엄마 혈관에 들어갈 수 있어. 그럼 Rh-인 엄마 피는 자신과 맞지 않는 Rh+ 피를 병균 같은 해로운 물질로 인식해. 그래서 이를 잡아내고 공격하는 항체를 만들어. 문제는 아기와 엄마 몸이 연결되어 있어서 이 항체가 다시 아기의 혈관으로 들어가 적혈구를 공격한다는 거야. 적혈구가 파괴되면 아기 몸의 세포는 산소를 제대로 배달받지 못하겠지. 그럼 빈혈에 걸리는 건 말할 필요도 없고 뇌에도 이상이 생겨.

♦ **태반** 태어나지 않은 아기가 생존하고 성장하는 데 필요한 것들을 탯줄을 통해 엄마와 주고받을 수 있는 구조물.

레소스병에 걸린 아이의 동생이라면 레소스병에 걸릴 가능성이 더 높아져. Rh-인 엄마 피 속에 Rh+을 공격하는 항체가 이미 만들어져 있기 때문에 엄마 뱃속에서 적혈구가 공격당할 가능성이 더 큰 거지. Rh- 엄마의 둘째, 셋째 아기가 Rh+인 경우, 태아는 극심한 빈혈로 사망하기도 해.

동물도 혈액형이 있을까?

물론 동물도 혈액형이 있어. 다만 그 종류가 좀 달라. 사람의 혈액형은 A형, B형, O형, AB형이 있잖아. 그런데 소, 닭, 돼지, 개는 혈액형 종류가 열 가지도 넘어. 말과 양도 혈액형 종류가 7~8가지야. 사람과 비슷한 원숭이나 침팬지, 고릴라는 종류가 그 정도로 많지는 않지만 서너 가지의 혈액형이 있어.

그런데 동물은 혈액형이 틀려도 수혈이 가능해. 사람은 같은 혈액형을 쓰지 않으면 피가 굳거나 거부 반응이 나는데, 동물은 그렇지 않거든.

황금 팔을 가진 사나이

 '레소스병' 하면 빼 놓을 수 없는 사람이 있어. '황금 팔을 가진 사나이'라는 근사한 별명을 가진 사람이지. 이름은 제임스 해리슨, 호주에 사는 80대 할아버지야.

 이 할아버지는 2011년, 1,000번째 헌혈을 하고 기네스 세계 기록에 올랐어. 2018년에 81세가 되면서 1,173번째 마지막 헌혈을 했어. 호주에서는 81세가 넘으면 헌혈을 할 수 없거든.

 그럼, 이렇게 헌혈을 많이 한 팔이라 황금 팔이냐, 그게 아니라, 해리슨의 팔에서 나온 피가 황금보다 귀한 피라서 '황금 팔'이란 별명을 얻었어.

해리슨은 열네 살 때 큰 수술을 받았어. 그때 13리터라는 어마어마한 양의 피를 수혈해 목숨을 건졌어. 당시 어린 나이였지만, '누군가의 피로 내 생명을 건졌으니 나도 어른이 되면 헌혈을 하겠다'는 기특한 결심을 했대. 그래서 열여덟 살 때 처음 헌혈을 했는데, 해리슨의 피를 검사한 의사들이 깜짝 놀랐어. 그의 피에는 다른 사람들의 피에서는 찾아볼 수 없는 굉장히 귀한 항체가 들어 있었거든. 그 항체는, 엄마와 Rh 혈액형이 달라 죽어 가는 수많은 아기들을 살릴 수 있는 항체, 그러니까 레소스병을 치료할 수 있는 항체였어.

이 사실을 알게 된 해리슨은 열여덟 살부터 더 이상 헌혈을 할 수 없는 여든한 살이 될 때까지 매주 한 번씩 헌혈을 했대. 그의 황금 팔에서 나온, 황금보다 귀한 피 덕분에 지금까지 240만 명 이상의 아기들이 죽음의 위험에서 벗어나 건강하게 태어날 수 있었어. 레소스병 백신인 'Anti-Rh D 백신'은 다 그의 헌혈로 만들어진 거야. 신기하게도 해리슨의 헌혈로 목숨을 건진 수백만 아기 중에는 해리슨의 손자도 있다는 사실.

인간에 의해 강제 헌혈을 당하는 투구게와는 달리, 해리슨은 헌혈로 남을 도울 수 있어서 감사하다며, 법

으로 금지당하지 않으면 계속하고 싶다고 했대. 해리슨도 투구게도 자신의 특별한 피를 헌혈해서 수많은 생명을 살린 거지.*

  해리슨은 어쩌다 황금보다 귀한 피가 흐르는 황금 팔을 갖게 된 걸까? 어렸을 때 수술을 받다 13리터의 수혈을 받았다고 했잖아. 원래 그의 혈액형은 'Rh A-'였어. ABO식으로는 A형이고, Rh식으로는 음성인 거지. 그런데 수술을 마치고 검사해 보고 해리슨의 혈액형이 Rh A+로 바뀌었더래. 왜 그런가 알아보니, 워낙 엄청난 양의 혈액을 수혈하다 보니 그 과정에서 의료

진이 실수로 소량의 RH+ 피를 해리슨에게 주게 되었다는 거야. 원래 Rh-인 사람이 Rh+ 피를 받으면 거부 반응으로 대부분 죽게 되거든. 그런데 다행히 그의 피는 거부 반응을 이겨 낼 항체를 만들어 냈고, 이 항체 덕분에 다른 피를 수혈하고도 살 수 있었어. 물론 수백만 명의 생명도 살릴 수 있었고 말이야.

수혈 때의 실수로 귀한 항체가 생겨나고, 그 항체 덕분에 아기들이 살게 되다니 정말 신기하지? 누구나 갖고 있는 그저 그런 빨간 액체인 것처럼 보이는 피가 얼마나 귀한지, 새삼 놀라워.

* http://news.kmib.co.kr/article/view.asp?arcid=0012359503&code=61131111&cp=nv

가장 많은 양을 헌혈한 사람

　헌혈로 기네스 세계 기록에 오른 사람이 또 있어. 테리 프라이스라는 미국인은 횟수가 아니라 양으로 2015년에 세계 기록을 세웠어. 2015년 기준으로 무려 894,206리터! 거의 90만 리터나 되는 이 수치는 피가 아니라 혈장이야.
　일단 프라이스의 피를 뺀 후 그중에서 혈장만 분리해서 기증하고 백혈구, 적혈구 같은 나머지는 다시 헌혈자의 몸으로 되돌려 줘. 이런 식의 헌혈도 많이 하는데, 혈장이 특히 많이 필요해서 그래. 혈장에는 건강에 유익한 물질이나 혈액형 검사에 쓰이는 물질도 들어 있어서 이런저런 쓸모가 많거든. 면역 결핍 장애, 혈우병 환자들은 한 번이 아니라 계속해서 건강한 혈장을 받아야 하니까 혈장 헌혈은 더욱 귀하지.
　프라이스는 원래 1,000리터를 목표로 헌혈을 시작했다는데, 거듭된 헌혈이 결국 기네스 신기록까지 세우게 된 거래.

http://www.guinnessworldrecords.com/world-records/most-blood-donated-apheresis

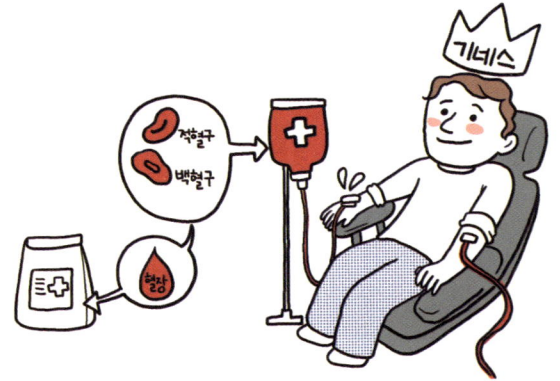

피는 못 속여!

범죄 수사 드라마나 영화에서 그 장소가 범죄 현장인지 아닌지 조사하면서 액체를 칙칙 뿌려 피 흔적을 찾는 장면 본 적 있어? 이 물질이 바로 '루미놀'이야. 피는 세상에서 제일 강력한 비누로 벅벅 비벼 빨아도, 피가 묻은 지 아무리 오래 되어 핏자국이 보이지 않을 만큼 흐릿해도, 엄청 적은 양이라 피가 묻었는지도 알아보기 힘들 만큼이라 해도, '루미놀'이라는 물질과 만나면 푸른빛이 나거든! 피는 정말 신기하다니까.

어느 집에서 살인 사건이 났다는 정보가 있어서 경찰과 과학 수사대가 그 집을 찾아갔어. 그런데 집 주인은 그런 일은 절대 없었다며 펄쩍 뛰는 거야. 자기는 그 집에서 몇 년째 살고 있지만 집에서 누가 죽기는커녕, 피 한 방울 흘린 사람이 없었다는 거지. 정말 그 집을 살펴보니 말끔하고 깨끗하게 청소된 집이라 살인 사건이 난 집 같지 않았어.

하지만 과학 수사대가 집 안 여기저기에 루미놀을 뿌리고 다니자 어떻게 됐을까? 경찰은 옷장의 옷에도 뿌리고, 카펫 위에도 뿌리고, 소파에도, 책장에도, 벽에도 뿌렸어. 그러고 나서 창문의 커튼도 닫고 집의 불을

다 꺼서 깜깜하게 했더니, 벽에 사람 손바닥 모양의 푸른빛이 나는 거야. 카펫 한구석에서도, 소파 등받이에도, 옷장의 티셔츠에서도 형광색 불을 밝힌 듯 푸른빛이 났어. 이 푸른빛 때문에 이 집에서 살인 사건이 났다는 걸 밝혀낼 수 있었어. 푸른빛이 나는 부분은 누군가의 피가 거기 묻었다는 뜻이니까.

피에 묻은 옷을 잘 빨면 핏자국은 지워져. 벽지나 책장에 묻은 핏자국도 잘 닦으면 감쪽같이 지울 수 있어. 그런데 겉보기에 피가 묻었다는 흔적조차 찾을 수 없을 만큼 말끔하게 지워도, 여기에 루미놀을 뿌리면 피가 묻었던 자리에서 푸른빛이 나. 루미놀이라는 화학 물은 피의 헤모글로빈과 만나면 푸른색의 빛을 내거든. 루미놀과 피의 이러한 발광 반응은 아주 강력하고 대단히 예민해서 아무리

◆ **발광 반응** 빛을 내는 일종의 화학 반응

오래된 핏자국이라도, 굉장히 적은 핏자국이라도, 그 핏자국을 반복해서 여러 번 씻고 또 씻어 내더라도, 루미놀과 만나면 푸른빛을 내게 되어 있어.

2009년, 강○○라는 악명 높은 연쇄 납치 살인범이 체포되었는데 그가 입은 점퍼에 루미놀을 뿌렸더니 소매 한쪽에서 푸른빛이 났대. 범죄를 저지를 때 그 점퍼

를 입고 있었다는 뜻이지.

 이렇게 루미놀은 범죄 사건을 해결하는 데 큰 도움이 되지만, 핏자국이 아닌 것에도 푸른빛을 내서 헷갈릴 때도 있대. 루미놀은 헤모글로빈과 반응해서 푸른빛이 나는 건데, 헤모글로빈의 철이 철사나 쇠못의 철과 같은 성분인 게 화근인 거지. 루미놀은 녹슨 철을 만나도 푸른빛을 내거든.

피 쿠키와
피 영양제

 헤모글로빈 얘기가 나와서 말인데, 피로 만든 쿠키, 좀 더 정확히 이야기하자면, 헤모글로빈이 들어간 쿠키가 있다는 거 아니? 이름만 들어도 밥 맛 떨어진다고? 아닐걸! 먹어 보면 오히려 입맛이 돌 수도 있어. 이 쿠키의 맛이 기가 차게도 달콤한 초콜릿 맛이래. 그럼, 이걸 누구 먹으라고 만드는 걸까?
 헤모글로빈의 주성분은 철이라고 했지? 바로 이 철이 부족해 빈혈이 생기면 철분 보충제를 먹어야 해. 철분 보충제는 동물성 원료와 식물성 원료로 만든 것, 두 종류가 있어. 식물성은 콩 같은 채소에서 얻은 철로 만

든 것이고, 동물성은 소, 돼지 피의 헤모글로빈을 원료로 만들어.

소, 돼지의 피가 인간처럼 빨간색이라는 건 헤모글로빈이 산소를 운반한다는 뜻이고, 헤모글로빈은 철이 주성분이니까 소, 돼지의 피 속 헤모글로빈에도 철 성분이 있다는 뜻이지. 그러니까 동물성 철 보충제는 소, 돼지의 피로 만든 거야. 시뻘건 피를 그대로 약통에 담아 파는 게 아니니까 놀랄 필요는 없어. 피에서 헤모글로빈의 철 성분만 뽑아서 만드니까.

설마 사람이 먹는 영양제를 소, 돼지의 피로 만들겠냐 싶지? 동물성 철을 '헴철heme iron'이라고 하는데, '헤모글로빈에서 얻은 철(hemoglobin iron)'이라는 뜻이야. 헤모글로빈이 아닌 식물성 원료로 만든 건 '비헴철'이라고 해.

철분제 포장지에 깨알처럼 적힌 영양 정보에서 '헴철'이라는 단어가 있으면, 그 제품은 동물 피의 헤모글로빈을

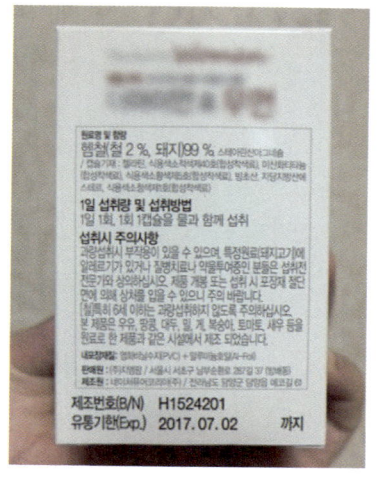

원료로 만든 거야. '헴철 2%, 돼지 99%' 이런 식으로 되어 있지.*

외국에서 만든 헴철 철분 보충제도 다 동물의 피가 원료인데, 이상하게 포장지를 보면 소 피cow blood, 돼지 피pig blood, 이런 단어는 찾을 수 없어. 소cow, 돼지pig 같은 단어는 찾을 수 없지만 대신 porcine, bovine은 찾을 수 있어. porcine의 뜻은 '돼지', bovine은 '소'야.**

그럼, 초콜릿 맛이 나는 피 쿠키는 뭐냐고? 멕시코, 칠레, 브라질 등 남미 국가에서 철분 부족에 관해 연구하면서, 학교에 가기 전의 어린 아이들 중 헤모글로빈 수치가 낮은 아이들에게 동물성 철 성분(헴철)이 들어간 초콜릿 쿠키를 준 적이 있어. 비헴철보다 헴철이 흡수가 잘 되거든. 동물의 피가 들어간 쿠키니까, 이게 바로 '피 쿠키'인 거지. '피 비스킷'이라고도 해.

이름은 끔찍해도 이 피 쿠키를 먹지 않은 아이들과 비교할 때 피 쿠키를 먹은 어린이들의 헤모글로빈 수치가 높아져 빈혈 증상이 좋아졌대. 초콜릿 맛이라 아이들도 아주 잘 먹었다지?***

동물의 피는 철 보충제 말고도 일반 건강 보조 식품

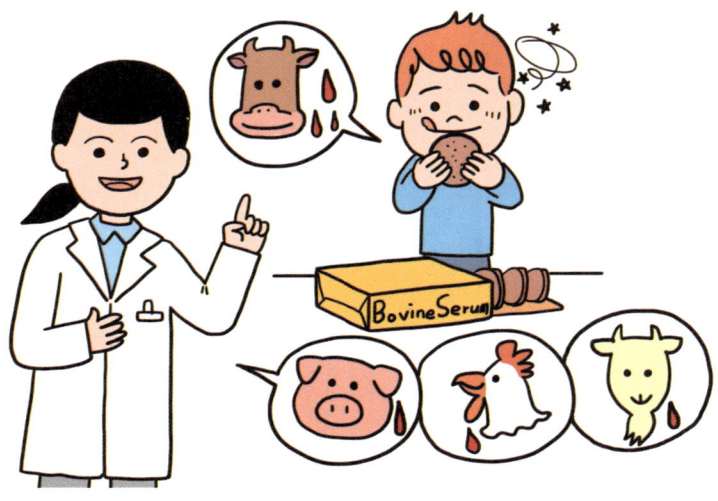

이나 치료약의 재료로 쓰여. 동물 피가 무슨 치료약이 되나, 싶지? 면역력을 강하게 해 주는 건강 보조제 중 성분 표시에 'Bovine Serum'이란 단어가 쓰인 제품이 있어. 우리말로 '소의 혈청'이라는 뜻이야.****

  혈청은 혈장에서 특정 물질을 빼낸 나머지 부분으로, 여기에는 병과 싸워 우리 몸을 방어해 주는 면역글로불린이 들어 있어. 그러니까 이런 건강 보조제는 소 피의 혈청에서 면역글로불린만 뽑아서 만든다는 뜻이지. 한마디로 재료가 소 피라는 뜻인데, 다시 한 번 말하지만, 시뻘건 소 피를 그대로 캡슐에 담아 영양제라고 속여 파는 게 아니야. 소 피의 혈청에서 면역글로불린을 뽑아내서 만들지.

고혈압 환자의 혈압을 낮추는 약에 쓰이는 ACE 억제제 역시 돼지, 닭, 소의 피에서 추출해. ACE 억제제가 피의 혈장에 들어 있거든. 물론 혈장에서 ACE 억제제 물질만 뽑아내서 사용해.*****

* https://search.naver.com/search.naver?where=image&sm=tab_jum&query=%ED%97%B4%EC%B2%A0+%EB%8F%BC%EC%A7%80#imgId=blog26108517%7C18%7C220501667032_418005782&vType=layer

** http://www.sztaier.com/food-c-1.html?msclkid=219b9d9ea3111f9bbe37c1e8afe3a9ad

*** http://www.laht.com/article.asp?ArticleId=2475198&CategoryId=14095

**** https://images.search.yahoo.com/search/images?p=Immunoglobulin+Concentrate+from+Bovine+Serum&fr=yfp-t&imgurl=http%3A%2F%2Fwww.rmbio.com%2Fimage%2Fitem%2Fw%3D716%2Fbsa-af.jpg#id=9&iurl=https%3A%2F%2Fbovogen.com%2Fwp-content%2Fuploads%2F2018%2F06%2FSFBS_UltraLowIgG-NZ.png&action=click

***** https://images.search.yahoo.com/search/images?p=Immunoglobulin+Concentrate+from+Bovine+Serum&fr=yfp-t&imgurl=http%3A%2F%2Fwww.rmbio.com%2Fimage%2Fitem%2Fw%3D716%2Fbsa-af.jpg#id=12&iurl=http%3A%2F%2Fseramune.com%2F-goatserumproductpage.jpg&action=click(염소 혈청 건강 보조제)

피로 만든 물건

 피로 만든 약을 먹는다고 하니, 뭔가 드라큘라 생각도 나고 좀 으스스하다고? 그럴 것 없어. 피로 만드는 건 이뿐만이 아니니까.

 '혈분'이라고 들어 보았니? 혈분은 피를 가열하고 굳힌 다음 말려서 가루로 빻은 거야. 쉽게 말해 '피 가루'야. 보통 소, 돼지, 닭 같은 동물의 피로 만들어. 그럼, 이 피 가루를 도대체 어디에 쓴다고 만들까?

 피에는 단백질이 들어 있어서 소화가 잘 되는 가축 사료로 많이 쓰여. 소 피로 만든 혈분은 물고기 먹이나 개, 고양이 같은 애완동물 사료에 종종 쓰이지. 돼지나

닭에게도 피 가루인 혈분과 뼈 가루인 골분을 다른 사료와 섞어 주기도 해. 채식동물인 소에게 이런 걸 먹였다가 광우병 파동이 일고, 몹시 시끄럽기도 했어. 가축을 건강하게 만드는 것도 좋지만, 동물의 본성에 어긋나는 먹을거리를 주는 건 생각해볼 일인 것 같아.

혈분은 또 유기질 비료로도 널리 쓰여. 피를 땅에 뿌리다니! 놀랄 것 없어. 피를 비료로 쓰는 건 새로운 일이 아니야. 오래전부터 가축의 피와 똥을 거름으로 사용했거든.*

피로 접착제도 만들 수 있어. 본드나 풀 같은 거 말이야. 피로 본드를 만들어 온 역사는 이미 오래됐어. 오래 전부터 동물의 피로 접착제를 만들어 써 왔는데, 2차 세계대전까지만 해도 비행기를 만들 때 피 접착제를 사용했거든.

피 접착제는 피의 단백질이 굳는 성질을 이용한 건데, 당시에 다른 접착제보다 피 접착제의 방수 효과가 더 좋았대. 비행기 부품이 서로 잘 붙어야 비 올 때 틈 사이로 비가 새어 들어오지 않잖아. 그런데 지금은 피 접착제를 쓰지 않아. 합성수지 접착제가 값도 싸고 방수 효과는 더 좋거든.**

프랑스의 프란체스코라는 사람이 1856년에 동물 피로 플라스틱 같은 물질을 만들어 특허를 낸 적이 있어. 사실 나무 대신 쓰려고 만든 건데, 요즘의 플라스틱처럼 당시에 대단히 유용하게 쓰였어. 동물 피로 플라스틱이나 나무 같은 물질을 만들다니!

프란체스코는 파리의 도살장에서 구한 동물 피에 나무 가루인 톱밥을 섞고 여기에 나무 색깔이 나는 색소를 넣어 '부마 뒤르시'라는 걸 만들었어. 피에 들어 있는 알부민은 일종의 단백질인데 열을 가하면 단단하게 굳어. 그러니까 부마 뒤르시 역시 피의 단백질이 굳는 성질을 이용한 셈이지. 부마 뒤르시는 나무처럼 단단했고, 플라스틱처럼 틀에 넣어 굳히면 다양한 모양을 쉽게 만들 수 있었어. 부마 뒤르시는 현재의 플라스틱이

나오기 전 1920년대까지 머리빗이나 거울 틀, 이름판 같은 생활용품과 장식품을 만드는 데 널리 쓰였어.***

* https://www.amazon.com/dp/B002M1PK4G/ref=psdc_3752891_t2_B00I83WOWI
https://news.naver.com/main/read.nhn?mode=LSD&mid=sec&sid1=102&oid=020&aid=0000045800
** https://www.merriam-webster.com/dictionary/blood%20glue
*** https://www.thefreedictionary.com/Bois+durci
https://images.search.yahoo.com/search/images?p=bois+durci%5D&fr=yfp-t&imgurl=https%3A%2F%2Ffarm6.staticflickr.com%2F5030%2F5616513852_584439ea88_z.jpg#id=2&iurl=https%3A%2F%2Ffarm6.staticflickr.com%2F5030%2F5616513852_584439ea88_z.jpg&action=click

가짜 피는 달콤하다

피는 그냥 빨간 물이 아니잖아. 피 안에는 별의별 오만 가지 것들이 다 들어 있으니까. 그래서 영화에서 피를 흘리는 장면을 찍을 때 수돗물에 빨간 물감을 풀어서 쓰지 않아. 대번 가짜라는 게 티가 날 테니까. 그렇다고 진짜 피를 쓸 수는 없고, 살짝 걸쭉하고 진한 느낌의 검붉은 색이 도는, 진짜 피와 꼭 닮은 가짜 피를 만들어 쓸 수밖에.

재미있는 건 진짜 피는 피비린내가 나고 짠맛과 금속성 맛이 나지만, 가짜 피는 달콤한 냄새에 달콤한 맛이 난다는 사실! 빨간 과일 주스, 설탕을 끓여 만든 시럽, 빨강색 식용 색소, 초콜릿 시럽, 옥수수 전분 같은 걸로 만든 피니 그럴 수밖에.

피로 만든 물건

계란 대신 피를!

 피에 들어 있는 알부민이라는 영양소는 계란에도 들어 있어. 덕분에 계란 대신 피를 요리에 쓸 수 있지. 설마 빨간 피를 그대로 요리에 쓰는 걸까?

 단백질의 일종인 알부민은 뜨거워지면 응고, 즉 굳어 버리는 성질이 있잖아. 그래서 전 세계적으로 오래전부터 스프나 소스를 걸쭉하게 만들 때 피를 써 왔어. 계란 역시 소스를 걸쭉하게 만드는 역할을 하거든. 피와 계란 둘 다 알부민이 들어 있어서 그래.

 프랑스 요리인 '코코뱅coq au vin'은 닭을 포도주에 재워서 익힌 요리야. 요즘은 닭과 포도주로 만들지만, 원래 코코뱅은 살이 질기고 맛이 없는 늙은 수탉을 닭이나 오리 피에 넣고 각종 채소와 함께 오랫동안 끓여서 만들었어. 그렇게 하면 고깃살은 부드러워지고 국물은 걸쭉한 소스처럼 되거든.

 빵이나 쿠키를 만들 때 흰자 거품을 자주 사용하는데, 계란 대신 피를 거품기로 저어도 흰자처럼 거품이 나면서 크림처럼 엉겨. 이렇게 피와 계란 둘 다 저으면 부드럽게 엉기기 때문에 서로 바꿔 써도 비슷한 질감을 낼 수 있어. 물론 색깔은 완전히 달라. 흰자 거품은 흰색이고, 피 거품은 시뻘건 색이니까.

 또 피의 알부민과 계란의 알부민 모두 열을 가하면 굳는데, 피 알부민이 더 낮은 온도에서 굳어. 이 말은 피 알부민이 계란 알부민보다 더 빨리 익어서 계란보다 피로 요리할 때 전기나 가스, 시간이 적게 든다는 뜻이야.

 그리고 계란 흰자에는 철이 거의 없어. 철 성분은 노른자에 들어 있지. 그래서 흰자 대신 피를 거품내서 스펀지 케이크나 머랭 쿠키를 만들면, 흰자에서 얻을 수 없는 철을 섭취할 수 있어. 빈혈이 있는 사람에게는 흰자보다는 피 크림으로 만든 쿠키를 먹는 게 건강에 도움이 돼.

 아무리 그래도 그렇지, 도대체 왜 굳이 계란 대신 동물의 피를 사용하려는 것일까? 굳이 '계란 대신 피'라는 생각을 하게 된 결정적인 이유는 아마도 알레르기 때문일 거야. 계란 단백질에 알레르기가 있는 사람은 계란이 들어간 음식을 먹을 수 없는데, 빵이나 쿠키, 케이크 중에 계란이 안 들어간 게 몇 가지나 되겠니? 한마디로 계란 알레르기가 있는 사람은 그 맛있는 빵과 케이크를 먹을 수 없는 거야. 그런데 신기하게도 계란 단백질에 알레르기가 있는 사람이라도 피의 알부민에는 알레르기를 일으키지 않아. 계란 알부민과 피의 알부민은 둘 다 알부민이지만 살짝 다르거든.*

 계란 알레르기가 있는 사람이 못 먹는 음식이 또 있는데, 바로 아이스크림이야. 하지만 피를 거품 내서 아이스크림을 만들면 계란 알레르기가 있는 사람도 시원하고 달콤한 아이스크림을 먹을 수 있어.

 실제 미국에서 있던 일이야. 아이스크림을 만드는 가게에서 요리사가 아이스크림을 만들고 있었어. 요리사가 무언가 휘저으며 아이스크림을 만드는데, 색깔이

빨간색인 거야. 그래서 손님이 그 새빨간 아이스크림을 좀 달라고 했어. 손님은 빨간색이니까 딸기 맛이려니 예상했는데, 먹어 보니 어이없게도 초콜릿 맛이었대. 놀란 손님이 "색깔은 딸기 맛 아이스크림처럼 빨간데 왜 맛은 초콜릿 맛이에요?" 물었더니, 요리사가 "돼지 피로 만든 아이스크림이거든요." 라고 대답했대. 그 손님은 돼지 피 아이스크림을 끝까지 다 먹었을까?**

* http://nordicfoodlab.org/blog/2013/9/blood-and-egg
** https://www.washingtoncitypaper.com/food/blog/1319129/pigs-blood-ice-cream-sundae

피를 먹는 사람들

 알고 보니, 드라큘라 백작만 피를 먹는 게 아니었어. 새빨간 그 아이스크림은, 계란 대신 돼지 피를 휘저어 거품을 만들고, 설탕과 초콜릿 가루를 넣어 만든 아이스크림이었어. 혹시 피가 어떤 맛인지 알아? 손등에 난 작은 상처에서 배어난 피를 핥아 본 경험은 누구나 있을 거야. 아님, 코피가 목으로 넘어갈 때 살짝 맛보기도 했을 거고. 그럴 때 피는 뭐랄까, 피 특유의 비린 맛과 마치 쇳가루가 든 것 같은 금속성 맛이 나. 피 속에 구리, 철 같은 금속 성분이 들어 있으니까 그럴 만도 하지. 그래서 피로 요리할 때는 이런 피 특유의 맛

을 감추기 위해 초콜릿처럼 맛과 향이 강한 재료를 같이 넣어.

'피 아이스크림'이나 '피 쿠키'가 끔찍하다는 사람도 있을 거야. 드라큘라 백작도 아닌데 굳이 그런 걸 먹어야 하는지 모르겠다고? 그런데 잘 생각해 봐. 우리가 즐겨 먹는 순대는 어때? 순대를 먹는 건 그렇게 끔찍하지 않잖아? 순대는 돼지 피로 만든 건데 말이야.

순대는 소나 돼지의 창자를 깨끗하게 씻은 다음, 긴 창자 안에 다진 고기, 채소, 돼지 피를 넣고 속 재료가 밖으로 나오지 않게 양 끝을 꼭 묶어서 익힌 음식이야. 요즘은 창자 대신 인공 케이싱◆을 쓰고, 속 재료에 당면이 들어가지.

◆ **케이싱** 가축의 소화관을 재료로 하는 것이 천연 케이싱이고, 셀룰로오스나 플라스틱을 사용해 만든 것은 인공 케이싱이다.

서양에도 순대와 아주 비슷한 음식이 있어. '블러드 소시지'라고 하는데, '블러드blood'가 '피'라는 뜻이니까 한마디로 '피 소시지'야. 돼지 피와 돼지기름, 고기, 빵가루, 보리나 오트밀 같은 걸 넣어서 만들어. 돼지 피 말고 양, 닭이나 오리, 거위 피를 쓰기도 해. 블러드 푸딩, 블랙 푸딩, 블랙 소시지라고도 해. 이름에 '블랙balck'이 들어간 건 피 때문에 소시지의 색깔이 검붉어서 그래.

그리고 선지 해장국은 어때? 어른들이 몸에 좋다, 시원하다, 속이 풀린다, 하시면서 선지 해장국 많이 드시잖아. 선지는 소의 피를 식혀서 굳힌 거야. 한마디로 핏덩어리인 거지. 그럼, 선지가 몸에 좋다는 얘기는 맞을까? 핏덩어리니까 당연히 철분이 풍부하겠지? 또 비타민과 미네랄이 들어 있어서 술로 인한 독소가 빨리 분해되는 데 도움이 돼. 해장국이라는 게 원래 어른들이 술을 많이 마신 후 몸의 피곤을 풀기 위해 먹는 음식인데, 그런 의미에서 선지가 해장국으로는 딱인 거지.

아무리 선지에 철분이 풍부해도 그렇지, 끔찍하게 핏덩어리를 먹다니, 너무 야만적이야! 그렇게 생각할 필요 없어. 우리나라에서만 핏덩어리를 먹는 것도 아니라고.

중국에서는 '피 두부'(blood tofu, 또는 pig blood curd)라고 돼지, 오리, 닭, 소 등 동물의 피를 두부처럼 굳힌 다음 적당한 크기로 썰어 먹는 요리가 있어. 피를 왜 먹느냐고? 우리나라에서 선지를 먹는 이유랑 비슷해. 피에 비타민, 단백질, 철, 인, 칼슘 등이 풍부하니까. 피에는 오만 가지 영양분이 다 들어 있잖아.

중국에서는 뱀 피도 먹어. 물론 중국인들이라고 다

먹는 건 아니야. 베트남에서는 알코올에 뱀을 통째로 담가 뱀술을 해 먹기도 하고, 뱀의 피를 술에 타서 먹기도 해. 대만에서는 뱀 피가 아니라 거북이 피로 칵테일 음료를 만든대.

어떤 동물의 피를 먹느냐 하는 것은, 그 나라에서 어떤 가축을 가장 많이 기르느냐에 따라 달라. 나라마다 즐겨 먹는 동물의 피도 다 다르지. 북극에 사는 이누이트들은 물개 피를, 인도에서는 양의 피를, 영국과 스웨덴에서는 거위 피를, 그리고 야크가 흔한 티베트와 네팔에서는 야크의 피를 먹어.

네팔에서는 야크의 피를 마시는 축제도 있어. 네팔인들은 야크의 피에 치료의 능력이 있다고 믿는대. 네팔 사람들이 야크 피를 어떻게 먹는지 볼까? 축제 때 야크 무리를 중심으로 사람들이 모여. 그중 한 마리를 데려와 목의 혈관에 작은 상처를 내면 목에서 피가 뿜어져 나와. 그럼, 그릇에 따끈한 피를 받아서 식기 전에 마시는 거지. 그러다 피가 멎으면, 피 한 컵을 선사한 고마운 야크는 자기 무리가 있는 곳으로 돌아가. 그리고 다른 야크를 데려와서 또 목에 작은 상처를 내고, 다른 사람이 야크의 피 한 컵을 받아 마시는 식이야.

우리나라에선 사슴 농장에 가서 이런 식으로 피를 먹는 사람들이 있었는데, 요즘에도 그런지는 모르겠네.

그렇다고 전 세계 어느 나라 사람 누구나 다 피를 먹는 건 아니야. 이슬람교와 유대교, 그리스정교는 종교적인 이유로 피를 먹는 게 금지되어 있어.

그리고 솔직히 말해서, 누가 금지하지 않아도 피를 아무 거리낌 없이 먹는 사람보다는 거부감을 느끼는 사람이 더 많아. 먹는 건 고사하고 피를 보기만 해도 기겁을 하거나 심한 경우 기절을 하는 사람도 있으니까.

피 공포증

　폐쇄 공포증, 고소 공포증, 대인 공포증은 다들 들어 보았지? 그런데 이런 널리 알려진 공포증 말고도, 희한한 공포증이 참 많아. '13일의 금요일 공포증'도 있다는 거 아니? 도저히 발음할 수 없는 듯 보이는 'paraskevidekatriaphobia' 이 단어가 '13일의 금요일 공포증'이라는 뜻의 단어야.
　깃털 공포증도 있어. 깃털로 간지럼을 당하는 걸 상상만 해도 극심한 공포심을 느낀대.
　그럼, 피 공포증도 있을까? 당연히 있지. 생각보다 피 공포증을 가진 사람들이 많아. 피 사진이나 영상, 혹은 실제 피를 보면 그게 자신에게 전혀 위험하지 않다는 걸 알면서도 식은땀, 고열, 경련, 어지러움, 구역질이 나기도 한대. 심한 경우 공포심을 이기지 못해 호흡 곤란을 겪거나 기절도 해.
　이런 사람들은 예방 주사를 맞을 때 아주 힘들어. 주사를 맞으면 한두 방울 피가 나니까. 이 공포증 때문에 생활이 너무 힘들면 신경정신과에 다니며 치료를 받기도 해.

https://en.wikipedia.org/wiki/Blood_phobia

피를 밥으로 먹는 동물들

　어떤 사람은 피 사진만 봐도 기절을 하지만, 또 어떤 동물은 드라큘라 백작처럼 피를 밥처럼 먹어. 제일 먼저 떠오르는 건 당연히 벼룩, 진드기, 빈대, 거머리지. 얘들에게는 피가 밥이야.

　피를 밥처럼 먹는 파리도 있어. 파리는 보통 음식 쓰레기를 먹기도 하고 멀쩡한 음식을 음식 쓰레기로 만들기도 하잖아. 또 동물이 죽으면 시체에는 반드시 파리가 꼬이지. 썩은 음식을 잘 먹으니까.

　그런데 썩은 고기가 아닌 피를 빨아 먹는 흡혈 파리가 있어. 아프리카에 사는 체체파리는 동물 피도 빨아 먹지만 사람 피도 먹어. 문제는 체체파리가 사람의 피를 빨다가 수면병 병균을 옮긴다는 거야. 체체파리에 물려 수면병으로 생명을 잃는 사람이 해마다 1만 명 정도나 된대.

흡혈 박쥐는 피가 따뜻한 동물의 피를 먹어. 소의 피도 먹고, 간혹 자는 사람의 피를 몰래 먹기도 하지. 세계에 존재하는 박쥐는 무려 1천 종류가 넘는데, 그중에 피를 먹는 박쥐는 딱 3종류뿐이야. 대부분의 박쥐는 과일이나 곤충을 먹어. 그런데도 흡혈, 하면 박쥐부터 떠오르는 건 아무래도 미디어의 영향이 큰 것 같아.

피를 먹을 것처럼 안 보이는데 의외로 피를 먹는 동물도 있어. 나방 종류인 갈고리밤나방의 별명은 '뱀파이어 나방'이야. 흡혈 나방이거든. 장어 중 칠성장어는 피를 빨아 먹고 살아서 입이 빨판처럼 생겼어. 손가락 크기의 칸디루라는 메기는 크기는 작지만 피를 먹는 흡혈 메기야.

나방, 장어, 메기는 그렇다 쳐도 달팽이는 솔직히 피를 먹는 동물처럼 안 생겼잖아. 하지만 생긴 대로 살지 않는 동물도 있단다. 바다 달팽이 중에 흡혈 달팽이가 있어. 먹이가 보이면 달팽이 입에서 빨대처럼 생긴 주

둥이가 쭉 나오는데, 이걸 물고기 몸에 빨대 꽂듯 꽂아서 피를 쪽쪽 빨아 먹어.

생긴 대로 살지 않는 동물이 또 있어. 갈라파고스 섬에는 여러 종류의 핀치 새가 사는데, 나뭇잎만 먹는 핀치도 있고 진드기만 먹는 핀치도 있고, 또 피를 먹는 흡혈 핀치도 있어. 다 핀치 새지만 어떤 먹이를 먹느냐에 따라 부리 모양이 달라. 흡혈 핀치는 자기보다 덩치가 큰 부비새의 다리를 쪼아 상처를 내서 피를 먹어. 물론 부비새가 빈혈로 쓰러질 정도로 많이 먹지는 않아. 그래서일까, 부비새는 흡혈 핀치가 자기 다리에서 피를 먹을 때 쫓아내지 않는대.

지옥에서 온 흡혈 오징어

　믿기 힘들지만 정말로 이런 이름을 가진 오징어가 있어. 흡혈 오징어라니, 당연히 피를 빨아 먹는 오징어겠지?

　이 오징어는 깊은 바다에 사는 오징어 종류인데. 다른 오징어와는 달리 시퍼런 눈알에 시뻘건 핏빛 피부를 가진 것도 모자라 8개의 다리 사이에 막도 있어.

　이 녀석을 처음 발견한 탐사팀은 극도의 비호감 외모에 얼마나 놀랐는지, 이건 지옥에서 온 생물이다, 라고 생각해서 '지옥에서 온 흡혈 오징어'라는 의미의 끔찍한 이름을 지어 주었대. 바다 속에서 이렇게 생긴 오징어랑 맞닥뜨리면 엄청 무섭겠지?

　그런데 실제로 흡혈 오징어는 아무에게도 해를 끼치지 않고, 피가 아니라 죽은 동물의 유기체를 먹고 살아. 오징어 입장에서는 엄청 억울하겠어.

　이름과 생긴 것만 보고 흡혈 오징어를 지옥에서 온, 피를 빨아 먹는 괴물 오징어라고 오해하지 않도록.

피를 먹어도 되는 거야?

 일단 사람의 경우, 피 자체를 음식으로 먹든, 피의 특정 성분만 뽑아서 먹든, 피를 먹는 건 굉장히 신중하고 조심해야 해. 그리고 사람이 키우거나 관리하지 않는 야생동물의 피는 절대 먹어선 안 돼. 그 피에 어떤 병원균이 들어 있는지 모르니까.

 가축으로 키우는 동물이라도 완벽하게 안전한 건 아니야. 가끔 뉴스에서 조류독감, 광우병, 돼지 독감 소식을 듣는데, 그런 병에 걸린 동물의 피는 당연히 좋지 않겠지? 그래서 사람이 먹거나 동물 사료에 쓰이는 피는 안전 관리를 철저히 해야 해. 지금까지 읽어 봐서 알겠지만, 피의 쓰임이 워낙 다양해서 일부러 먹든 어쩌다 먹든 동물의 피 성분을 먹게 될 수도 있으니까.

피를 밥처럼 먹어야 하는 뱀파이어가 아니라면 피 속에 든 철도 문제가 될 수 있어. 철이 부족하면 빈혈이 오지만, 철을 너무 많이 먹어도 병이 생기거든. 사람의 경우 철을 지나치게 먹으면 혈색소증으로 간이 커지거나 당뇨, 전신쇠약, 무기력 등의 증상이 생길 수 있어.

그럼, 흡혈 동물은 어떨까? 피가 밥이라고는 하지만 혈액형도 확인하지 않고 아무 피나 막 먹어도 되는 걸까? 혈액형이 맞지 않는 피가 섞이면 어떡해?

피가 '혈관'에 들어가는 경우, 혈액형이 맞지 않아 엉기면 큰일 나. 엉겨서 굳은 피는 혈관을 돌아다닐 수 없잖아. 하지만 피를 밥으로 먹는 경우, 그러니까 혈관이 아닌 '위장'에 들어가는 피는 서로 엉겨도 상관없어. 어차피 뱃속에서 소화되어 아주 작은 조각으로 쪼개질 테니까. 그래서 피를 밥으로 먹는 녀석들은 혈액형에 상관없이 아무 피나 먹어도 돼. 모기가 A형인 내 피를 먹고 AB형인 아빠 피를 먹어도 뱃속에서 피가 엉겨 죽는 일은 없어. 물론, 피를 너무 많이 먹는 바람에

몸이 무거워 잽싸게 도망가지 못해서 모기채에 맞아 죽을 수는 있지.

모기는 입맛이 까다롭지 않아서 아무 피나 가리지 않고 먹지만, 그래도 다른 혈액형보다 O형을 더 좋아한대. 동네 사람이 죄다 O형인 곳은 다른 동네보다 모기가 더 몰릴지도 모르겠네. 모여 사는 사람들의 혈액형이 모두 같은 경우가 실제로도 있어. 신기하게도 브라질의 보로로 부족과 미국 원주민 인디언들은 한 명도 예외 없이 혈액형이 다 O형이야. 중남미 원주민들의 경우도 O형이 많아. 페루 원주민 역시 100퍼센트 O형이고, 마야인들은 거의 다 O형이었대. 신기하지?*

그런데 사실 모기의 경우는 피가 밥이라고 할 수 없어. 알을 낳을 암컷 모기 말고는 피를 안 먹으니까. 수컷 모기는 나비처럼 꽃의 꿀이나 과일즙, 수액을 먹어. 암컷 모기가 동물의 피를 먹는 건 피에 영양 성분이 많아서 그래. 알다시피 피 속에는 오만 가지 것들이 다 들어 있으니까. 특히 피 속의 단백질이 모기 뱃속의 알이 잘 자라는 데 꼭 필요해.

피 속에 단백질이 있다는 거 앞에서 들은 기억나지? 알부민 덕분에 계란 대신 피를 요리에 쓸 수 있고, 피가루에 단백질이 있어서 동물 사료로도 쓰고, 또 피의 단백질에 열을 가하면 응고하니까 접착제로도 쓰고 그랬잖아. 엄마 모기에게는 피의 단백질이 좋은 영양제인 셈이지.

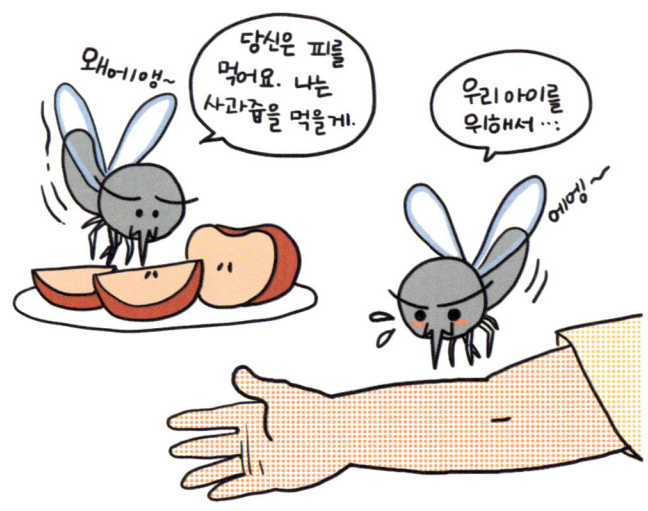

---

* http://www.fnnews.com/news/201201241246187161?t=y

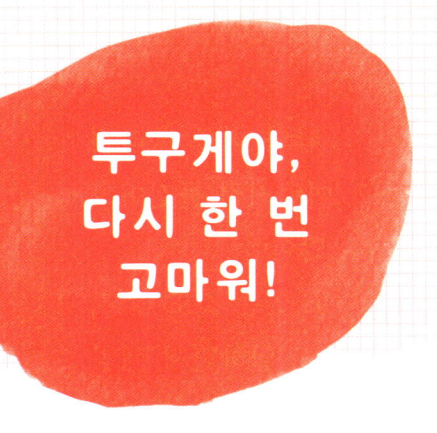
투구게야, 다시 한 번 고마워!

 '피 속 단백질' 이야기를 하니, 앞에서 나왔던 특별한 단백질 생각이 나. 투구게의 파란 피를 고맙고 특별한 피로 만든 'LAL 단백질' 말이야. 이 단백질 때문에 인간이 투구게에게 강제로 헌혈을 시키잖아. 모기가 피를 빨 때 옮기는 말라리아로 매년 1백만 명 이상이 목숨을 잃는다는데, 말라리아 백신을 연구, 개발할 때도 투구게의 소중하고 특별한 피가 쓰이겠지?

 우리에게 소중한 것처럼 투구게에게도 피는 소중해. 그래서 투구게가 강제로 헌혈하지 않아도 안전한 약을 만들 수 있는 날이 빨리 오면 좋겠어. 피는 사람, 동물

할 것 없이 모두에게 중요한 거니까.

 물론 신기하고 유용하기도 하지. 남의 피를 흘리게 한 나쁜 범인을 잡아 주기도 하고, 이런저런 물건이나 먹을거리, 심지어 약의 원료도 되니 말이야.

 피가 없으면 생명도 없어. 피는 담고 있는 것도 많고, 하는 일도 많은데 한순간도 쉬지 않고 일하면서 생명을 연장시켜 주잖아. 한마디로 살아 있는 모든 생명체에게 피는 생명이라고. 투구게가 우리에게 피를 준다는 건, 자기 생명의 일부를 나누어 주는 거야.

 아무리 생각해도, 다시 또 다시 생각해도, 소중한 피를 나누어 주는 투구게는 참 고마운 것 같아.

 투구게야, 고마워.

투구게를 대신할 약

미국의 한 제약 회사 연구원들이 2003년 투구게의 피에서 추출한 LAL을 대체할 "recombinant factor C(유전자 재조합 C 요인)"을 개발했다고 해. 제조, 유통 등의 문제로 개발 당시에는 관련 업계들의 관심을 많이 받지는 못했대. 완전히 똑같이 만든 건 아니지만 투구게의 피를 대체할 수 있는 합성 물질이 개발된 건 약 15년 정도 되었고, 이것이 상용화되어 투구게의 추가 희생을 막을 날이 머지않았다는 기사도 있어. 그날이 언제일지는 모르지만, 생명공학 기술이 잘 발전해서 투구게 같은 동물이 희생되지 않는 날이 빨리 오면 좋겠어.

https://www.theatlantic.com/science/archive/2018/05/blood-in-the-water/559229/